教育相談の
理論と実際
── 三訂版 ──

Theory and Practice of
School Counseling and Guidance

河村茂雄 編著

よりよい教育実践をめざして

図書文化

はじめに

　本書は，大学などの教員養成課程のテキストとして使用することを想定している。文部科学省が「生徒指導提要」を2022年度に改訂したのに伴い，2010年に作成された「生徒指導提要」に準拠した『教育相談の理論と実際—改訂版—』（2019年刊，ISBN978-4-8100-9718-4 C3037）に改訂を加えている。

　生徒指導提要とは，生徒指導の実践に際し，教員間や学校間で教職員の共通理解を図り，組織的・体系的な生徒指導の取組みを進めることができるよう，生徒指導に関する学校・教職員向けの基本書として，小学校段階から高等学校段階までの生徒指導の理論・考え方や実際の指導方法等を，時代の変化に即して網羅的にまとめたものである。

　2017年改訂の学習指導要領は，いま学校教育を受ける子どもたちが社会に出る2030年ごろ（はるかに進化したAIなどのICT技術と共存し，絶えず新しい知識が生まれる変化の激しい時代）がイメージされ，小学校の段階から自ら学ぶ力を養成しようという考え方がより明確に打ち出されている。それも教師から与えられた学習内容や単位数よりも，学習の成果として「何ができるようになるか」というコンピテンシー（資質・能力）の獲得に焦点化した考え方である。そのため，学習内容の変更にとどまらず「主体的・対話的で深い学びの実現」など，指導方法まで踏み込んで記述されているのである。

　これに準じて，教育職員免許法，同施行規則も改正され，教職課程コアカリキュラムに基づく教員養成が全国の大学で行われることになった。教職課程コアカリキュラムは，教師になるために最低限学ぶべき共通事項を示したものである。具体的には，免許法などで定められた教職科目について，学生が修得すべき資質能力を共通的に示し，そこにいたるために必要な学習内容や到達基準を構造的に示したものである。大学などの教職課程は，教員養成に求められる共通学習の内容，到達水準を確保しつつ，そこに各校独自の創意工夫のある学習内容を加えて，教員養成を進めることになったのである。

2017年改訂の学習指導要領で強調された「主体的な学び」とは，自らの意思，意欲を働かせて学ぶことで，自分がどのように学んでいくかという見通しを立てながら，またこれまでどのように学んできたのかを振り返りながら学ぶ学び方をいう。そして，「対話的な学び」とは，人とやりとりしながら学ぶこと，それぞれの考えをさまざまな表現手段を通して共有し，考えを伝え合うことが前提になる。これらは，子どもが好ましい人間関係を形成し，学校や学級集団に適応し，授業や学級活動に主体的に参加する中で，豊かな人格形成ができるように支援していく「教育相談」の取組みと，大きくオーバーラップする。

　これらの取組みを有効にするためには，子どもを理解する上での心理・発達面での知識，個別対応する方法，グループ活動を展開するための方法，学校現場での具体的な展開の仕方など，基本的な方法論を確実に身につけていることが必要条件になる。教育相談は特定の役割の教師だけが行う限られた専門的なものではなく，すべての教師が，すべての子どもを対象に，あらゆる教育活動を通して行う教育方法の一つである，という認識が求められる。それが，これからの学校教育を推進していく教師の資質・能力の中核ともなっていくのである。

　本書は，学校現場で試行錯誤している先生方に，これから教師として子どもたちにかかわろうとする学生たちに，今日の学校現場の問題を「教職課程コアカリキュラム」の「教育相談」に示された視点から捉え，統合的に教育実践を進めていくためのストラテジーを少しでも提供したいという思いから，『教育相談の理論と実際』（2012年刊，ISBN978-4-8100-2607-8）に改訂を重ねてきたものである。

　急激に変化する社会を人間育成の面から支える学校教育に，真摯に関わろうとする多くの方々に，参考にしていただけたら幸いである。

2025年1月

早稲田大学

博士（心理学）　河村　茂雄

教育相談の理論と実際　三訂版

目次

はじめに　2

第 I 部　理論編

第1章　教育相談とは
第1節　生徒指導と教育相談　8
第2節　教育（学校）カウンセリングと教育相談と学校心理学　11
第3節　教育相談，教育（学校）カウンセリングの方向性と課題　17

第2章　子どもの心理と発達課題
第1節　小学校　20
第2節　中学校　23
第3節　高等学校　26

第3章　カウンセリングの基礎知識とカウンセリングマインド
第1節　カウンセリングとは　30
第2節　教育相談に活用できる代表的なカウンセリングの理論　32
第3節　認知行動カウンセリング　39
第4節　教育実践を支えるカウンセリングマインド　41

第4章　カウンセリングの技法とアセスメント
第1節　個別対応のプロセス　44
第2節　個別対応の進め方　47
第3節　教育相談におけるアセスメントの重要性　54
第4節　子どもの気になる行動や態度に気づく観察ポイント　56
第5節　個と集団をアセスメントするツール：Q-U　58

第 II 部　実際編

第5章　校内体制と組織的な教育相談
第1節　教育相談体制のあり方　62
第2節　教育相談の進め方　66
第3節　教育相談の面接方法　72
第4節　学校組織の問題点：小学校　76
第5節　学校組織の問題点：中学校　78
第6節　学校組織の問題点：高等学校　80

第6章　学級集団づくりと教育相談

第1節　教育実践を支える教育相談　82

第2節　教育相談に活かすグループアプローチ　86

第3節　学校でのグループアプローチ活用の実際　90

　　column 1　レクリェーションの教育相談としての効果　96

第7章　教育活動に活かす教育相談

第1節　授業に活かす教育相談　99

第2節　教科の枠を超えた学習への教育相談　102

第3節　教科外教育に活かす教育相談　104

第4節　教科教育に教育相談を活かす実践例　108

第5節　教科外教育に教育相談を活かす実践例：特別活動　114

　　column 2　ICT を活用した学習活動への支援　116

第8章　配慮が必要な子どもの理解と対応

第1節　小学校　118

第2節　中学校　121

第3節　高等学校　124

　　column 3　家庭に問題をもつ子どもへの教育相談的な支援　128

第9章　障害のある子どもの理解と対応

第1節　特別支援対象の子どもの現状　130

第2節　小学校　132

第3節　中学校　135

第4節　高等学校　138

　　column 4　障害種による支援のあり方　142

第10章　不登校の理解と対応

第1節　不登校の現状と理解　144

第2節　不登校への対応　147

第3節　不登校問題対応事例：小学校　150

第11章　いじめの理解と対応

第1節　いじめの様相　153

第2節　いじめへの対応　157

第3節　学級タイプ別のいじめの特徴　160

第12章 非行問題の理解と対応

第1節 非行の背景　162

第2節 非行問題が引き起こされる要因　164

第3節 非行が見られる子どもへの対応　167

第4節 非行が見られる子どもの発達段階ごとの特性　171

　column 5 感情のコントロール方法：アンガーマネージメント　172

第13章 子どもの発達とキャリア教育

第1節 キャリア教育の理解と支援の方法　174

第2節 キャリア教育の実際：小学校　177

第3節 キャリア教育の実際：中学校　180

第4節 キャリア教育の実際：高等学校　182

　column 6 大学生のキャリア問題の現状　184

第14章 保護者との連携

第1節 保護者と連携していく際の基本的な考え方　186

第2節 教師がとまどう保護者の理解と対応　188

第3節 保護者対応事例　196

第15章 専門機関との連携

第1節 外部の専門機関との連携　198

第2節 スクールカウンセラーとの連携　200

第3節 スクールソーシャルワーカーとの連携　202

第4節 医療機関との連携　204

第5節 児童相談所・児童福祉機関との連携　205

第6節 刑事司法関係機関との連携　208

第7節 NPO 法人との連携　210

第8節 教育センターの行う相談事業　211

第9節 学校を支える教育委員会の役割　214

引用および参考文献一覧　216

おわりに　219

編著者紹介　221

第1章

教育相談とは

第1節　生徒指導と教育相談

1　生徒指導と教育相談の異同

　現代の日本の学校教育は第二次大戦後にアメリカをモデルに構想されており，「学習指導」と「生徒指導（ガイダンス）」から成り立っている。

　しかし，アメリカでは，学習指導は教師が担当し，生徒指導はカウンセラーが担当するという分業制をとっているのに対して，我が国では，一人の教師が学習指導と生徒指導の両方を担当している。日本では学習指導と生徒指導は統合的に進めることで子どもの人格の形成をはかるべきものであるという認識が強い（河村，2010）。

　そして学習指導と生徒指導の関係性は，2017年改訂の学習指導要領において子どもの発達を支える指導の充実という観点からも説明され，ますます密接になっている。ちなみに，学習指導要領とは，文部科学省が告示する初等教育および中等教育における教育課程の基準である。

2022年に改訂された生徒指導提要によると，生徒指導とは次のように定義される（文部科学省，2022）。

> 児童生徒が，社会の中で自分らしく生きることができる存在へと，自発的・主体的に成長や発達する過程を支える教育活動

これは，教育基本法第1条の教育の目的「人格の完成」と「平和で民主的な国家及び社会の形成者として必要な資質を備えた心身ともに健康な国民の育成」に対応している。学校教育の目的そのものである。

同様に，教育相談の目的は次のように説明される。

> 児童生徒が将来において社会的な自己実現ができるような資質・能力・態度を形成するように働きかけること

教育相談は主に個別の面接や演習を通して，個の成長を図ろうとする。それに対して，生徒指導は主に行事や特別活動などの集団活動を通して，集団としての成果や変容をめざし，結果として個の成長にいたることをめざすものである。

子どもの問題行動に対する指導や，学校・学級の集団全体の安全を守るための管理や指導は生徒指導である。一方，受けた指導について子ども自身に受け止めさせ，問題がどこにあるのか，今後どのように行動すべきかを主体的に考え，次につなげようとすることの指導は教育相談であり，教育相談における面接の技法や，発達心理学，臨床心理学の知見が，指導の効果を高める上で重要な役割を果たす。

教育相談は生徒指導と重なる部分が多く，生徒指導の一環として位置づけられるものであり，その中心的役割を担うものである。

2 教育相談の重要性の見直し

教育相談の歴史は長いものの，個別支援に重点を置く教育相談は，これまで現場の教師たちから重視されることは少なかった。なぜなら戦後からの経済発展重視という日本社会全体のあり方の中では，組織や企業に貢献できる人材の

育成が求められ，学校教育でも知識・技術を効率的に子どもに詰め込もうとする傾向が見られたからである。

「学校教育には，まず教えるべき内容・適応すべき集団が先にあり，それを学び，それに素直に参加するのが子どもである。学ばず集団適応できないのは，その子どもが悪い」という風潮が見られたことは否定できない。このような風潮は，「近代工業化社会の学習観」に基づくものである。

しかし近年は，インターネットの普及と共に，情報・知識・技術が，パーソナルに世界に流通展開する高度情報化が一気に進み，近代工業化社会から知識基盤社会に移行してきたといえる。知識基盤社会とは，次々更新されていく新しい知識・情報・技術が，政治・経済・文化をはじめ社会のあらゆる領域での活動基盤として飛躍的に重要性を増す社会のことである。

このような知識基盤社会において必要な生きる力は，未知の問題に自ら対応できるよう，自分に足りない面を自己判断して，必要な資質・能力を主体的に獲得していこうとする「自ら学ぶ力」である。

2017年改訂の学習指導要領で強調された「主体的な学び」とは，自らの意思・意欲を働かせて学ぶことであり，「対話的な学び」とは，人とやりとりしながら学ぶこと，それぞれの考えをさまざまな表現手段を通して伝え合うことである。これらの学びを促す取組みは，子どもが好ましい人間関係を形成して学校や学級集団に適応し，授業や学級活動に主体的に参加する中で豊かな人格形成ができるよう支援していく教育相談の取組みと，大きくオーバーラップするのである。

そこで，これからの学びを推進していくためには，教師が教育相談に精通していることが望まれる。そして，教育相談の効果を高めるためには，子どもの心理・発達面の知識，個別対応の方法，子どもの実態に応じてグループ活動をスムーズに展開していく方法論などを確実に身につけていることが必要である。

また，教育相談は特定の役割の教師だけが行う限られたものではなく，すべての教師がすべての子どもを対象に，あらゆる教育活動を通して行う教育方法の一つである，という認識が求められる。

第2節 教育（学校）カウンセリングと教育相談と学校心理学

現在，世の中にあるカウンセリングの理論と技法は400を超える（第3章参照）。その中であえてカウンセリングの最大公約数の定義をすると，「言語的および非言語的コミュニケーションを通して，相手の行動変容を試みる人間関係」ということができる。

そして，教育（学校）カウンセリングとは，「教育領域・学校教育領域で，教育実践や子どもへの対応に，カウンセリングの理論や技法を活用する試み」であると，定義できる。

したがって，教育（学校）カウンセリングと教育相談が対象とする領域はほぼ等しい。ただし，対応する主体に違いがある。教育相談は教師が主体であるのに対し，教育カウンセリングは教師だけでなく，学校に入っているスクールカウンセラーや学習補助員，教育活動を支える役割の者，地域の教育相談センターのカウンセラーなど，教育関係者すべてが主体になり得るのである。

1 教育相談の実践に示唆を与えるカウンセリングの3つの様態

カウンセリングには幅広い領域がある。教師が学校現場でカウンセリングを活用する際には，次の3つの段階で捉えると分かりやすい。

(1) 治療的カウンセリング

カウンセリングというと，心理的な問題をかかえた来談者に対し，心理の専門家が相談室で一対一の面接をするというのが社会の一般的なイメージである。このような心理的な問題解決のために行うカウンセリングを「治療的カウンセリング」という。学校現場では，不登校になった子どもに対して，外部の専門家であるスクールカウンセラーが相談室で面接する，というのが代表的な場面になる。

以前は，教育相談の研修を積んだ教師が心理の専門家の役割を代替して，悩みをかかえた子どもに相談室で面接するのが教育相談である，という風潮が一

第1章　教育相談とは

部で存在した。しかし，当の教師にしても来談する子どもにしても，相談者の教師の側面とカウンセラーの側面が葛藤してむずかしい面があったのである。

　また，校内の教師集団でも，教育相談担当の教師たちと，主に生徒指導を担当する教師たちに次のような対立があり，連携がむずかしかった。

〈教育相談担当教師の生徒指導担当教師への批判〉

・表面の行動や態度だけを問題にし，子どもの内面を理解しようとしていない

・子どもを「指導される人」と捉え，学校や教師側の価値観を一方的に押しつけている

・注意されたくないから規範を守るという，受け身の姿勢を子どもに植えつけるだけだ

〈生徒指導担当教師たちの教育相談担当教師たちへの批判〉

・自主性の尊重，受容という名のもとに，子どもを甘やかしたり，子どもに迎合したりしているだけだ

・ことの善悪をきちんと指導しないと，集団生活が維持できず，学校全体の問題行動は減らない

　生徒指導も教育相談も目的は同じで，対立関係にあるのではなく相補的関係にあるのだが，この両者の機能を校内でうまく統合できていた学校は少なかったのである。

　現在では，「治療的カウンセリング」は外部の専門家やスクールカウンセラーに任せ，教師は専門家との連携のもとで，学校現場でできる教育相談的対応をしていく，という流れが主流になってきている。

　治療的カウンセリングにおいて教師として大切なことは，次の3点である。

●「治療的カウンセリング」が必要な子ども（第8〜12章参照）は，確実に専門機関につなげる

●専門家との連携のもとで，学校でできることを確実に援助する（専門家に丸投げして，学校として適切な対応をしないのは問題外）

第2節 教育（学校）カウンセリングと教育相談と学校心理学

> ●問題をかかえた子どもに学校で適切に対応できるよう，学校内に教育相談担
> 　当を中心とした対応チームを構築しておく

⑵ 予防的カウンセリング

　不登校や非行などは，問題行動が顕著になってから対応していては解決がむ
ずかしく，子どもの日々の教育にマイナスの影響を与える期間も長くなってし
まう。問題行動が起こる前に，兆候を捉えて対応することが効果的である。

　このように，本格的な問題行動にいたる前に予兆を発見して，子どもが問題
をかかえないよう早期対応したり，積極的に予防策を行ったりするためのカウ
ンセリングを「予防的カウンセリング」という。

　学校場面では，友達関係で子どもが孤立し始めた段階，トラブルが発生した
初期の段階，いじめ問題が深刻化する前の段階，（非行問題が顕在化する前に）
日常生活の規範の乱れが見られ始めた段階，学業不振が悪化する前のつまずき
の段階などで行う。問題発生のリスクとなる芽を見つけ，深刻な問題となる前
に解決して，健全な学校生活に導いていくのである。

　予防的カウンセリングにおいて教師として大切なことは，次の3点である。

> ●問題行動の発生要因となる現象，発達の問題について知識理解を深める
> ●早期発見するための方法論をきちんと身につけておく（「子どもが教師に訴え
> 　てこなかったから，問題はないと考えて何もしなかった」という消極的な姿
> 　勢は問題外であり，いじめや不適応は起こるものだという想定のもと，早期
> 　発見に努めることが必要）
> ●早期発見の取組みを担任教師任せにせず，学校全体で定期的に調査するなど，
> 　実施システムを構築する

⑶ 開発的カウンセリング

　いじめ被害や不適応などの問題をかかえていない子どもに対して，教育相談
的対応は何も必要ないということにはならない。子どもがよりよく友達関係を
広げ深めたり，主体的に学校生活にかかわったりできるようにするためには，

13

子どもの能力を現在よりも高めていくことが有効である。積極的な発想として，子どもが学校生活をより意欲的に送れるように支援することは，学校教育としての価値も高い取組みである。

このように，すべての子どもに対して，一人一人の個性伸長や発達を援助し，より教育成果を獲得できるように支援するカウンセリングを「開発的カウンセリング」という。「開発的カウンセリング」は教育実践そのものであり，教師側から見れば，子どもにより多くの教育効果を得さしめるために，カウンセリングの知識や技法を活用していくことである。

学校現場に溶け込んでいる「開発的カウンセリング」としては，入学時や移動教室・修学旅行などの大きな行事に際して，子どもの適応を高めるために行われるオリエンテーションや，生き方を考えるキャリアガイダンスとしての取組みが主流である。

また，子どもの対人関係形成の困難さが指摘されてきた近年では，人間関係をより円滑に形成できるように，ソーシャルスキルトレーニング（第5章参照）を学級単位で体験学習させる学校も多くなってきている。

「治療的カウンセリング」や「予防的カウンセリング」は，問題をかかえた子ども，あるいは問題をかかえる可能性の高い特定の子どもを対象としているので，個別カウンセリングの理論や技法が活用されることが多いが，「開発的カウンセリング」はすべての子どもを対象としているので，集団カウンセリングの理論や技法が活用されることが多い（第6章参照）。

開発的カウンセリングにおいて教師として大切なことは，次の3点である。

- 子どもの発達課題，生活・行動の実態について知識理解を深める
- グループアプローチの基本的な展開方法をきちんと身につけておく
  （取り組む内容や展開方法を，学級の子どもの実態，学級集団の状態に合わせてアレンジできる力量が求められる）
- 取組みを担任教師任せにせず，学校の年間計画にそって，学校全体で定期的に実施するシステムを構築する

第2節　教育（学校）カウンセリングと教育相談と学校心理学

　以上，(1)～(3)のカウンセリングは，どれか1つに取り組めばよいという問題ではなく，子どもの実態に合わせて，3つを有機的に統合させて実施していくことが求められる。

2 学校心理学：3段階の援助レベル

　学校心理学とは，学校教育において子どもが学習面，心理・社会面，進路面において出合う問題を解決し，成長することを促進する心理教育的援助サービスの理論と実践である（石隈，1999）。

　学校心理学の考え方は，教育相談の考え方や対応のあり方に次のような示唆を与える。

　学校心理学では，子どもへの対応を3段階の援助レベルで捉える。3段階の援助レベルは，子どもによって固定されているものではなく，子どものそのときの状況によって，1次的援助レベル——2次的援助レベル——3次的援助レベルと変化する。

　例えば，次のようなケースはとても多いものである。

---

(1) 学級編成当初から，子ども相互の人間関係づくりが計画的になされず，孤立する子どもが出てきた（1次的援助レベル）。

(2) その後，登校しぶりが見られる子ども（2次的援助レベル）への対応が見過ごされたり，十分でなかったりした。

(3) その子どもが不登校になってしまった（3次的援助レベル）。

　この3段階の援助の考え方は，**1**で述べたカウンセリングの3つの様態と対応する。1次的援助レベルは「開発的カウンセリング」，2次的援助レベルは「予防的カウンセリング」，3次的援助レベルは「治療的カウンセリング」である。

　3段階の援助レベルを整理すると，次のようになる。

(1) 1次的援助……すべての子どもがもつ発達上のニーズに対応する援助
　　　　　　　　（友達とのつき合い方，進路指導など）
(2) 2次的援助……教育指導上配慮を要する子どもへの援助
　　　　　　　　（不登校傾向，不安の強い子どもなど）
(3) 3次的援助……特別な援助が個別に必要な子どもに対する援助
　　　　　　　　（不登校，いじめ，LD〈学習障害〉など）

3 カウンセリングと学校心理学と生徒指導の考え方

　教育相談は生徒指導に位置づいており，生徒指導における子どもへの支援の考え方もカウンセリングや学校心理学と通底しているものがある。

　学校心理学の3段階の援助レベルと近似した形で，生徒指導提要（2022）では，生徒指導における子どもの課題への対応を次のように示している。

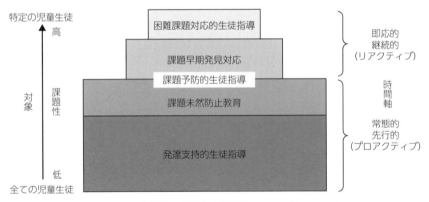

図1-1　生徒指導の重層的支援構造（生徒指導提要，2022）

　つまり，カウンセリングと学校心理学の支援を生徒指導の支援の枠組で整理すると，次のようにまとめることができる。

・発達支持的生徒指導――――1次的援助――開発的カウンセリング
・課題予防的生徒指導――――2次的援助――予防的カウンセリング
・困難課題対応的生徒指導――3次的援助――治療的カウンセリング

第3節　教育相談，教育（学校）カウンセリングの方向性と課題

第3節　教育相談，教育（学校）カウンセリングの方向性と課題

1 教育相談の方向性

　教育相談が学校でどのように行われているか，その実態は地域によっても大きく異なり，実践内容や形態は学校の数だけあるといわれている。

　なぜなら，広義の生徒指導に含まれる教育相談は，学校教育全体を通じて適切に行うものである（機能概念）とされるが，その展開の仕方は各学校に任されているからである。ちなみに，学習指導は対応する内容や時期などが学習指導要領に細かく記載され，学校は何をやるべきかが明確になっている（領域概念）。

　2017年改訂の学習指導要領は，資質・能力（コンピテンシー）ベースの教育課程といわれ，それを達成する指針・学校教育の方向性として，(1)多様な個性をもつ一人一人の子どもに応じた支援，(2)対人関係や学習集団内の協働的な相互作用を通した資質・能力の育成，(3)教職員たちの連携をもとにした「チームとしての学校（チーム学校）」で(1)(2)を推進していくこと，が示された。

　学校や学級が共同体（コミュニティ）の面をもつ存在であることがこれからの学校の前提として強く求められるのであるが（河村，2010），この前提を満たすことは簡単ではない。

　日本の学校教育は，人間関係の場である学級集団を単位として展開される。その学級集団は所属する子ども同士のかかわり合い，支え合い，学び合いを大事にする共同体（コミュニティ）の特性が強い。所属する子どもが，互いの安定と成長のために責任をもち合うという意識と，親和的な人間関係が必要条件になる。

　学級という集団は最初から存在するものではなく，所属する個人が連携して形成していくものである。しかし，近年の学校現場で発生している問題の背景には，学級崩壊を顕著な例として，いじめや不登校など，学級が共同体（コミ

17

ュニティ）として成立・機能していない，という実態があるのである。

このような状況の中，これからの教育相談のあり方・方向性は，次の点がポイントになる。

教育相談は，好ましい人間関係を育てる中で子どもの人格の形成をめざして取り組まれるものであり，2017年改訂の学習指導要領で強調される(1)(2)への対応の基盤となる必要がある。子どもが単に既成の集団や人間関係に適応できるように支援するというレベルではなく，共同体（コミュニティ）や社会の形成に主体的に関与できるようになるところまで支援することが目標になるのである。

そして(1)と(2)は，教育課程により学校教育全体として取り組むことが求められるので，校内の教職員の組織対応である(3)が必要となる。つまり，教職員たちが(1)と(2)を達成していくためには，教育相談の考え方と方法論がすべての教職員に共有され，学校の教育計画にそって全教職員で取り組んでいくことが求められるのである。

ちなみに教育課程とは，学校教育の目的・目標を達成するために，子どもの心身の発達に応じ，授業時数との関連において総合的に組織した各学校の教育計画のことである。

学校での組織対応として取り組まれる教育相談については，ほかのカウンセリング機関と比較して，次のような3つの利点が挙げられている。

●早期発見・早期対応が可能

来談を待つ専門機関と比べて，教師は子どもと同じ場で生活している。そのため，日々観察し，家庭環境や成績など多くの情報を得ることができるので，小さな兆候を捉えて適切に対応し，深刻な状態になる前に早期に対応することが可能である。

●援助資源が豊富

学校には，学級担任・ホームルーム担任をはじめ，専科教師や授業担当者，部活動の顧問など日常の観察やきめ細かいかかわりが可能な教師や，一定レベ

第3節　教育相談，教育（学校）カウンセリングの方向性と課題

ルの教育相談の力量が期待できる教育相談担当教師，養護教諭，生徒指導主事などもいる。そして，校長，副校長や教頭などの管理職，スクールカウンセラーやスクールソーシャルワーカーといった外部人材（非常勤職員）も配置され，一人の子どもをめぐってさまざまな立場からの指導・支援ができる。

● **連携が取りやすい**

　困難な問題の解決に欠かすことができない外部の相談機関，医療機関，児童相談所などの福祉機関，警察などの刑事司法関係の機関においても，学校という立場から連携が取りやすい。

2 教育相談の課題：多重関係の問題

　学校で組織的に行う教育相談の利点は，ともすればそのまま短所になりかねない。教師は子どもにとって支援者であるだけではなく，学習・生活面の評価者でもあるという，多重関係にある。そこに，子どもが安心して相談できない状況が生起する可能性があるのである。

　多重関係の問題とは，支援する者が，支援の専門家としての役割とそれ以外の明確な役割の両方の役割を担っている状況を指す。例えば，支援者と相談者という関係以外に，上司と部下，教師と生徒，などが代表的なものである。

　学級担任・ホームルーム担任は日常的に生活面・学習面などで指導することが多い。教師の側は，教育相談の面接の場では支援者として対応しようと切り替えができても，子どもの側は指導者である教師を支援者と思えないことが少なくない。

　このような場合には，多重関係になく，子どもが中立的と感じやすい者（例えばスクールカウンセラーなど）が教育相談を行えるよう校内において連携を図ることが必要である。

19

第2章

子どもの心理と
発達課題

　発達上の課題とは，人格形成および社会的適応をする上で，発達の各時期に達成しておくべき課題のことである。教育上の課題とは，学校教育の中でその学齢の各時期に達成しておくべき課題のことである。児童期・思春期・青年期の各時期における特徴について以下に述べる。

第1節　小学校

1 児童期の特徴

　ピアジェは，子どもの認知発達には一定の順序性があることを発見し，感覚運動期（誕生〜2歳ごろ）・前操作期（2歳〜7歳ごろ）・具体的操作期（7歳〜11，12歳ごろ）・形式的操作期（11，12歳以降）の4つの発達段階に整理した。

　児童期の特徴を抽出すると，小学校低学年は，身振り手振りやイメージ・表象を用いた象徴的な思考ができるが，まだ非論理的な前操作期の段階にある。この段階では自己の視点から離れて他者の視点を得ることがむずかしく，自己

中心的である。小学校中学年は，具体的操作期に移行し，目に見える具体物に即していれば論理的な思考が可能になるが，現実にないもの（例えば記号など）についての論理操作はまだむずかしい。小学校高学年になると，具体物がなくても抽象的な思考が可能になり，仮説的な問いかけに論理的な説明を見つけ出そうとする形式的操作期に入る。ただし，これらの発達は個人差が大きいため，実際にはその子どもの発達の状況に合わせた教育的な働きかけが必要になる。

❷ 発達上の課題と教育上の課題

　児童期の発達上の課題と教育上の課題について，石隈（1999）は次のようにまとめている。

発達上の課題	教育上の課題
●学習面 ・基本的な読み書き計算ができるようになる。 ・日常の生活で出合う概念について学ぶ。 ・社会の歴史や制度のあり方について学ぶ。 ・具体的な材料を対象として，論理的に思考できる。	●学習面 ・小学校での学習に興味・関心をもつ。 ・学校や家庭で学習する習慣を獲得する。 ・集団での学習生活に適応する。 ・45分，学級担任の教師の指導・援助にしたがって，授業に参加する。 ・宿題をきちんと行う。 ・授業の内容を理解する。
●心理・社会面 ・感情を統制し，深め，他者への共感と結びつけられる。 ・自己に対しての肯定的で的確な態度を形成する。 ・勤勉に学び，生活する態度を身につける。 ・道徳の原則を内在化して，自律的に道徳的判断ができる。 ・友達関係を広げ，同年齢の集団の一員として行動できる。	●心理・社会面 ・小学生として誇りをもつ。 ・親のいない学校で，情緒の安定を維持する。 ・友達と適切な人間関係をつくり維持する。 ・集団の学習や活動に適応する。 ・学級担任の教師と適切な人間関係をつくり維持する。
●進路面 ・あこがれる対象をもつ。 ・あこがれの職業が言える。 ・空想でよいから，将来の夢が語れる。	●進路面 ・学習や遊び場面で，自分の行動について決定する。 ・自分の得意なものや楽しめるものを見つける。 ・学級活動を通して役割をもつ意味を知る。 ・中学への進学について決定する。

第2章 子どもの心理と発達課題

　児童期に，子どもたちは本格的な集団生活を学ぶ。他者とかかわることで，自分の意志・願望・感情を明確かつ適切に伝える自己主張の力とともに，自己中心的にふるまうのではなく，欲求や行動をコントロールする自己制御の力や，相手の気持ちや場の特徴を考慮して自分の感情の表出を抑制する感情制御の力を身につけていく。さらに，善悪の判断や向上心や思いやり，公徳心などの道徳的な価値も身につけていく。

　多くの時間を同年代の子どもたちと過ごす学校や学級で，友達とかかわる楽しさが人とかかわりたいという意欲をはぐくみ，学ぶことの楽しさが勉強への意欲をはぐくむようになる。この時期の子どもは，仲間との相互作用の中で個人の発達上の課題や教育上の課題をクリアしていくのである。

3 児童期の発達のひっかかりと支援の方向性

　小学校中学年ごろから，学業・対人関係・身体的魅力・運動能力など，さまざまな側面に対する自己の能力への関心が高まる。自分についてモニターできるようになる「メタ認知」が発達し始めるからである。

　例えば自己評価が客観的で正確になり，「他者（基準）より優れている，劣っている」という社会的比較を行うようになる。「自分が適応的に行動できている」という確信は有能感に変わり，「自分が適応的に行動できていない」という意識は劣等感を生じさせる。劣等感が強くなると自分には価値がないという思いを抱くようになり，自尊心の低下にもつながっていく。

　そのため，子どもに適応的な考え方を身につけさせることが大切である。具体的には，学業の習熟度や身体に関する能力，適性などは個人差があり，すべての領域で優れた結果を出すことはむずかしいこと，また，たとえある領域でうまくできないことがあっても，ほかの領域でうまくできていることを見つけるといった多数の評価軸をもって自己を認識するのが大切であること，などである。

　一人一人の伸びに注目し，ほかの子どもとの比較や教師の課した到達目標などによって評価を下さない，個人内評価に目を向けさせることも重要である。

第2節　中学校

できなかったことが少しでもできるようになっていくプロセスを体験することで，子ども自身が成長を実感し，次の課題を自ら見つけ，達成しようと見通しをもって取り組めるようになるのである。

第2節　中学校

1 思春期の特徴

　中学生の時期は人間の発達過程において，身体的・心理的・社会的に急激な発達を遂げる。児童期後期から青年期にかけてのこの時期は，特に「思春期」と呼ばれる。

　思春期の特徴として下記の内容が挙げられる。

> ● **身体的発達**：身体の急激な発達，運動能力の発達，第二次性徴の出現
> ● **人間関係の変容**：親からの心理的離乳，第二次反抗期，依存と自立の葛藤，友達関係の変容，親友関係の形成，異性関係の発達
> ● **自己形成**：自己の発見，自己概念の動揺，自我同一性の意識，人生観の形成

　子どもと大人の狭間にあり，身体的に子どもから大人に変化することに戸惑いを感じたり，親からの精神的な自立を志向するがまだ不安で，甘えてきたかと思えばはねつけたり，他者との異同に気づき自分について悩み始めたりと，身体的成長と精神的成長のバランスがとりにくい時期である。

2 発達上の課題と教育上の課題

　思春期の発達上の課題と教育上の課題について石隈（1999）は次のようにまとめている。

第2章　子どもの心理と発達課題

発達上の課題	教育上の課題
●学習面 ・抽象的な思考や科学的論理が実行できる。 ・社会の仕組みを理解して，社会の問題点を把握し，批判できる。 ・内面の言語化が可能になる。	●学習面 ・中学校での学習に興味・関心をもつ。 ・学習習慣を維持・強化する。 ・各教科の授業に参加し，理解する。 ・小学校時代の学習成果を補い，活かしながら，新しい教科内容を理解する。 ・中学時代の学習生活や学習内容に応じる学習方略を獲得する。 ・高校受験の準備の学習を行う。
●心理・社会面 ・身体的な変化を受け入れ，対処することができる。 ・親から情緒的に自立し，自分なりに行動し，判断する。 ・親しい友達をつくり，親密かつ率直な話ができる。 ・異性との付き合いにあこがれたり，付き合い始めたりする。	●心理・社会面 ・中学生である自分を受け入れる。 ・入学した中学校を受け入れ適応する。 ・自分のイライラを受け入れ，対処する。 ・学級や部活動で，親しい友達をつくる。 ・学級担任の教師や教科の教師と適切な人間関係をつくり維持する。
●進路面 ・同輩との関連で，自己の相対的位置づけを知り，自分なりの個性的な価値について自信をもつ。 ・社会的役割を知った上で，自分なりの価値や倫理をもち，行動に活かしている。 ・進路の選択を考え，方向を見出す。 ・意見・価値観の異なる他者との関係がつくれる。 ・葛藤を解決する力を身につける。 ・現実と夢のギャップに気づく。	●進路面 ・学習内容と将来を結びつける。 ・学級や部活や生徒会活動などで，自分の行動について選択する。 ・自分の将来設計をしてみる。 ・将来の進路について，複数の可能性を考え情報を収集する。 ・具体的な進路について教師・保護者に相談して決定する。

　中学生の時期は，身体の変化の受け入れ，親からの精神的な自立，同性の友達との親密な関係を結ぶ能力の形成，社会的責任を遂行することができるような自己の形成が発達および教育上の課題として重要となる。

　ただし，児童期の発達上の課題や教育上の課題をクリアしてから思春期に入る子ども，児童期の課題を積み残したまま思春期に入る子どもなどさまざまな様相があり，個人差が大きくなる。各々が別の発達課題に取り組んでいるともいえる。したがって，中学生期には，子ども一人一人の発達の違いをも含めてかかわることが求められる。

第2節　中学校

3 思春期の発達のひっかかりと支援の方向性

　思春期になると抽象的な思考がさらに発達することから，自己についての知識や認知過程をメタ認知し，目的に応じて自分の認知や行動を制御することも可能になる。ただし，自分自身の関心の内容に引きつけて他人の思考を推測するため，新たな自己中心性が生じる。例えば，自己批判的に自分の容姿について捉えるとき，「他者も自分の容姿を否定的に捉えているだろう」と推測し，落ち込み悩むなどである。また，児童期よりもさらに学力や運動能力などの優劣がはっきり評価される機会が多くなり，望んだだけではかなわないものがたくさんあるということを知る。このように思春期は，現実の自分と向き合う最初の時期なのである。

　また，小学生までは親や教師に相談し，問題解決を手助けしてもらった事柄（例えば学習面での困難や友達関係でのトラブルなど）も，まずは自分で問題解決を図ろうとする。しかし，必ずしもうまくいくわけではなく，失敗が重なった結果，孤独を感じたり，人間不信に陥ったり，心がすさんでしまうこともある。

　さらにこの時期は，自他の比較をするようになり，例えば自分とほかのきょうだいへの親のかかわり方の違い，自分と友達の家の違い，生い立ちの違い，能力の違い，性格の違いなどさまざまな事柄について明確に認識され，「自分がこうなったのは親のせい，教師のせい」などと他者へ責任転嫁して強く反抗したり，一方で自分を責めたりするなどの抑うつ症状が生じることもある。

　思春期に生じる反抗・非行・家出・不登校・校内暴力・家庭内暴力・いじめ・自殺などの問題の背景には，こうした発達の特徴からくる問題が潜んでいる可能性がある。したがって，思春期は不安や動揺に満ちた危機的な時期であり，問題行動が顕在化しやすいことを理解し，子ども一人一人がかかえている悩みや葛藤をよく聴くこと，また相談できる人や場所を確保することが重要になる。

第2章　子どもの心理と発達課題

第3節　高等学校

1 青年期の特徴

　高校は，中学までの義務教育とは異なる，いくつかの現実を体験する。例えば学力によって進学先を検討し，卒業後の進路決定に際しては家庭の経済的な事情にも直面せざるを得ない。さらに，学業不振や校則違反に対する処罰があり，最終的に退学という選択肢もある。また，義務教育段階までは考慮されていたことにも甘えが許されなくなり，一般社会のルールに則った生活をしなければならない。こうした高校生の心理的な特徴は次のようになる。

- **情緒不安定**：心の振幅は中学生の時期と同様に大きく，情緒不安定，怒りっぽさ，無気力などがある。
- **表面的行動と内面のギャップ**：表面的には明るく振る舞い，他者とうまく付き合うためのソーシャルスキルを身につけていくが，内面は混乱や葛藤に満ちていることがある。
- **他者依存回避**：人に頼らず，自分で問題を解決しようとする態度や行動が高まるが，その反面うまく解決ができずに悩み，自分の殻に閉じこもり孤独感を高めることもある。
- **否定的な自己イメージ**：学力格差などから落ちこぼれ，学業放棄，非行，怠学など否定的な自己イメージをもつこともある。
- **内省の増大**：自分の内面を振り返る力が増大する。
- **抽象的，論理的思考の発達**：これらの思考能力の発達により，社会的な関心が増大し，自己概念の転換や再構成が起こることがある。

　高校生では，社会的な自立に向け，学校生活やさまざまな体験活動を通して，達成経験や失敗経験を繰り返し，自他理解を深めていく。青年期の悩みや葛藤は発達の原動力にもなり得るのである。

26

第3節　高等学校

2 発達上の課題と教育上の課題

　青年期の発達上の課題と教育上の課題について，石隈（1999）は次のように
まとめている。

発達上の課題	教育上の課題
●学習面 ・抽象的な思考や科学的論理が実行できる。 ・社会の仕組みを理解して，社会の問題点を把握し，批判できる。 ・内面の言語化が可能になる。	●学習面 ・高校での学習に興味・関心をもつ。 ・学習習慣を維持・強化する。 ・小学校・中学校時代の学習成果を補い，活かしながら，新しい教科内容を理解する。 ・高校時代の学習生活・内容に応じる学習方略を獲得する。 ・大学受験や就職試験などの準備をする。
●心理・社会面 ・身体的な変化を受け入れ，対処することができる。 ・親から情緒的に自立し，自分なりに行動し，判断する。 ・親しい友達をつくり，親密かつ率直な話ができる。 ・異性との付き合いにあこがれたり，付き合い始めたりする。	●心理・社会面 ・高校生である自分を受け入れる。 ・入学した高校を受け入れ適応する。 ・学校への不安や不満に対処する。 ・クラスや部活動や地域で，新しい友達をつくり，議論する。 ・クラス担任や教科の教師などと適切な人間関係をつくり維持する。
●進路面 ・同輩との関連で，自己の相対的位置づけを知り，自分なりの個性的な価値について自信をもつ。 ・社会的役割を知った上で，自分なりの価値や倫理をもち，行動に生かしている。 ・進路の選択を考え，方向を見出す。 ・意見・価値観の異なる他者との関係がつくれる。 ・葛藤を解決する力を身につける。 ・現実と夢のギャップに気づく。	●進路面 ・クラスや部活や生徒会活動などで，自分の行動について選択する。 ・学校生活を通して，自分の適性を吟味し，将来設計をしなおす。 ・職業について理解する。 ・進路について，多様な情報を収集し，具体的な進路を選択する。

　青年期（高校生）の発達上の課題は思春期（中学生）と同様である。ただし，
思春期と比較して，アイデンティティ形成に関連する課題が色濃くなる。アイ
デンティティとは，「自分が自分であるという自己存在感」のことである。自

27

第2章　子どもの心理と発達課題

我同一性と訳され，自分はほかの誰かではない自分であるという感覚（斉一性）と，自分は過去から現在まで，また将来も連続する存在であること（連続性）の2側面から定義される。

　アイデンティティの獲得がうまくなされない場合，アイデンティティ拡散の状況にいたり，(1)時間的展望の拡散，(2)自意識の過剰，(3)否定的同一性の選択，(4)勤勉さの拡散，(5)対人距離の失調，(6)選択の回避・麻痺などの特徴が現れる。表2-1は Erikson（1959）の心理社会的発達の観点に基づく漸成図表である。縦軸に発達段階が描かれ，横軸にはその段階における発達課題（心理・社会的危機）が示されている。青年期にはアイデンティティ拡散の諸相が記されている。このような同一性の拡散に陥るとさまざまな領域で深く苦悩することがあ

表2-1　心理・社会的危機と同一性拡散に関するエリクソンの個体発達分化図式（鑪，2002）

	1	2	3	4	5	6	7	8
I 乳児期	信頼 対 不信							
II 幼児前期		自律性 対 恥，疑惑						
III 幼児後期			自発性 対 罪悪感					
IV 学童期				勤勉性 対 劣等感				
V 青年期	時間展望 対 時間拡散	自己確信 対 アイデンティティ意識（自意識過剰）	役割実験 対 否定的アイデンティティ	達成の期待 対 労働麻痺	アイデンティティ 対 アイデンティティ拡散	性的アイデンティティ 対 両性的拡散	指導性と服従性 対 権威の拡散	イデオロギーへの帰依 対 理想の拡散
VI 成人前期						親密性 対 孤立		
VII 成人期							世代性 対 停滞性	
VIII 老年期								統合性 対 絶望

（注）青年期（V）の横の欄の下部に示してある各構成要素が同一性拡散の下位カテゴリーである。

る。例えば，人生の目標・進学や職業選択・友達関係や異性関係・道徳的な価値観などで迷い始める。また，無気力状態やうつ状態，食行動異常など，青年期の問題の多くにアイデンティティの問題が含まれていることがある。

3 青年期の発達のひっかかりと支援の方向性

青年期は，アイデンティティ形成の課題に向き合い，「自分は何者であるのか」「これから自分の人生をいかに生きるか」という問いの答えを求めて悩む。アイデンティティを形成するためには内省のみでは不十分である。自分なりに将来を展望し，目標を見出し，それに向かって計画を立て，試行錯誤しながら，精一杯取り組んでみること，その過程でさまざまな他者と出会い相互交流し，自己を他者に照らし合わせながら，「自分はこういう人間だ」という確信を浮き彫りにしていく作業が必要不可欠なのである。

したがって，学校教育場面において，学級は子どもが単に所属するだけの集団ではなく，クラスメイトが支え合い，互いに成長できるという実感を伴った集団であることが望まれる。

さらに，子ども一人一人に個別に向き合うためには，親や教師やスクールカウンセラーなどによる支援も必要になるだろう。特に高校生の時期は，進路指導を通して，個別に子どもとかかわることが可能である。

よりよい進路指導とは，単に進路先や就職先を決定する側面だけではなく，進路指導の過程で自己の興味関心を広げ深めたり，自己の能力や適性を知って可能性を広げたり，希望する人生設計になるような条件を検討し，挑戦したりする側面を支援することであると考えられる。つまり，未来を見据えて現在をどう生きるか，具体的にいまどのような行動をすればよいのかについて意識することである。

第3章

カウンセリングの
基礎知識と
カウンセリングマインド

第1節　カウンセリングとは

　教育相談においては，カウンセリングの基礎知識があると，子どもや保護者を理解する上で役に立つ。

　カウンセリングは，カウンセラー（カウンセリングを行う人）とクライエント（カウンセリングを受ける人）の間に合意や契約があって成立する。その合意や契約の前提として「カウンセリングとは何か」についての共通理解がなければならない。「カウンセリングとは何か」を明らかにするために，カウンセリングの定義や特徴などを以下に説明する。

1 カウンセリングの定義

　カウンセリングには多くの学派が存在する。学派ごとにカウンセリングの定義や理論的な背景による強調点も異なっており，それぞれの種類や形態がある。つまり，カウンセリングの定義や捉え方が統一されていない。その中で最大公約数として，日本カウンセリング学会は2004年に次のように定義している。

第1節　カウンセリングとは

> カウンセリングとは，カウンセリング心理学等の科学に基づき，クライエント（来談者）が尊重され，意思と感情が自由で豊かに交流する人間関係を基盤として，クライエントが人間的に成長し，自立した人間として充実した社会生活を営むのを援助するとともに，生涯において遭遇する心理的，発達的，健康的，職業的，対人的，対組織的，対社会的問題の予防または解決を援助する。すなわちクライエントの個性や生き方を尊重し，クライエントが自己資源を活用して，自己理解，環境理解，意思決定及び行動の自己コントロールなどの環境への適応と対処等の諸能力を向上させることを支援する専門的援助活動である

この定義の理解を深めるために，さらに次のような解説が付記されている。

> (1) カウンセリングの基盤となる理論は人間の発達とその促進に関する科学であること。
>
> (2) カウンセリングは，クライエントがカウンセラーから人間として十分に尊重される人間関係を基盤として行われること。
>
> (3) カウンセリングの目標は3つある。クライエントの人間的成長への援助を中心に，豊かな社会生活の実現への援助，生涯において遭遇する諸問題の予防と解決のための援助の3つであること。
>
> (4) カウンセリングは，クライエントの個性と生き方を尊重することを第一とし，クライエントの自己資源を活用し，それを開発・発展させるとともに，それらをクライエント自身が十分に活用できるようにする援助であること。
>
> (5) 豊かな社会生活は人の主体的生き方を保証する条件であり，人の福祉に貢献する条件である。つまり，カウンセリングは社会的環境と密接に関係しており，カウンセラーは調和のとれた人間関係，集団，組織及び社会の維持や改善など，社会環境の整備に貢献すること。

このように，カウンセリングとは，カウンセラーとクライエントの援助関係を基盤として行われる専門的な援助行為であり，問題解決を通して個人の発達を支援することを目的としているのである。

第3章　カウンセリングの基礎知識とカウンセリングマインド

2 カウンセリングと心理療法

　カウンセリングと心理療法は識別しにくい。両者は理論も方法も共通点が多くある。しかし，強いて両者の差異を挙げると次の点になる。

⑴ 対象

　カウンセリングでは健常者が主であるのに対し，心理療法は病理的な問題をかかえている者を対象とする。健常者とは，現実生活に適応できるほどに自我が成長しているということである。したがって，カウンセリングは現実生活でさらに自己実現できるように援助すること，そして現実生活に適応できるように援助することが目的となる。

⑵ 問題

　カウンセリングは人生の問題を扱い，心理療法では病理的な問題を扱う。

　人間が発達する過程において，だれもが遭遇し解決しなければならない発達課題がある。幼児・児童・青年・成年・老年へと成長していく中で，人生の各段階における発達課題を乗り越えていく必要があるのである。カウンセリングは，主にこれを乗り越える援助をする。心理療法にも発達を援助する意味が含まれているが，まずは病理的な問題を除去することを優先として援助する。

⑶ 立場

　カウンセリングはクライエントの可能性を見つけ，それをどう活かすかを考える成長モデルの立場に立つ。心理療法はクライエントの何が問題となっているのかを見つけ，それをどう治すかという治療モデル（医学モデル）の立場に立つ場合が多い。

第2節　教育相談に活用できる代表的なカウンセリングの理論

　カウンセリング理論はカウンセリングをする際の立脚点，あるいは根拠となるものである。理論を学ぶことは，次のような有効性がある。

第2節　教育相談に活用できる代表的なカウンセリングの理論

- ●具象的な出来事を客観的に見る視点を与える
- ●理論をもとにすることで，これから起こることに対する結果の予測ができる
- ●いま体験している出来事を説明したり，解釈したりする手がかりになる
- ●いま起こっている出来事や現象を整理することができる
- ●理論に照らして仮説を生成したり，検証したりすることが可能になる

　カウンセリングの理論の捉え方と代表的な理論を，國分（1980，1998）を参考に解説する。まず，各理論は次の点に答えるそれぞれの考え方がある。

- **A．人間観**：人間とは何か，人間をどう見るか
- **B．性格論**：性格とは何か。それはどのように形成されるか
- **C．病理論**：問題行動はどうして起こるのか。発生の機制は何か
- **D．目標**：「治る」とは何か。援助の目的は何か。使用する技法は何か
- **E．カウンセラーとクライエントの関係**：目標達成のためにカウンセラーとクライエントは何をするべきか。人間関係やそれぞれの役割は何か

　次に，今日，数多くあるカウンセリングの基礎になっている3つの主要理論について，上記A～Eの視点に対する考え方を解説しながら述べる。

1 精神分析療法（精神分析理論）

　精神分析理論は，フロイトによって創始され，ほかの諸理論に大きな影響を及ぼした。精神分析理論の骨子は2つある。1つめは幼少期の体験が性格を形成する，2つめは無意識があらゆる行動の原動力になる，である。よって，幼少期の体験で無意識下に抑圧されているものを想起し，その体験を克服すること，つまり「無意識の意識化」が精神分析療法の骨子となる。

A．人間観

　人間は本来，動物的本能的で，快楽原則に支配されている。いわゆる「大人」とは，現実原則（諸般の情勢）を考慮しつつ，快楽原則（本能充足の原理）を満たしている人のことである。子どもにはそれができない。大人になる

33

第3章　カウンセリングの基礎知識とカウンセリングマインド

とは，現実原則にそって快楽原則を満たすことができるようになることである。

B．性格論

　精神分析は，主に次の点から人間の性格を捉えている。

・性格はどう構成されているか

　フロイトは，人間の心を，意識（いま気がついている心の部分），前意識（いまは気づいていないが，努力によって意識できる部分），無意識（抑圧されて，意識できない部分）の3つに分けて理解した。

　そして，人間の性格を，エス（イド：id），自我（エゴ：ego），超自我（スーパーエゴ：super ego）の3つの部分から構成されているものとし，この3つのバランスがどうなっているかという見地から性格を見た。エス（イド）とは本能や欲求などの「快楽原則」の働き，超自我とは成長の過程で両親のもつ善悪の判断やしつけが取り込まれたもので，内面から自らを律し行動する働き，自我（エゴ）はイドと超自我の間で"現実原則"に基づいて現実との調和を図る働きである。

・性格はどうつくられるか

　今日の人間発達の原型になった考え方である。フロイトの考えから発展したのが，第2章で解説したエリクソンの固体発達の分化である。

・性格はどう作動しているか

　環境に対してどう反応するのか，その反応の仕方を性格とみなす捉え方である。フロイトは防衛機制を提唱した。防衛機制とは，欲求不満や葛藤が起こると人は不安になるが，そのような状況を前もって避け，自己防衛しようとする反応のことである。防衛機制は，だれもが日常生活の中で普通に用いているものである。その代表的なものを以下に示す。

---

　a．抑圧：外界からの非難・嘲笑・拒否を恐れて，無意識的に欲求の表出や充足を我慢すること。

　b．抑制：損得勘定を考えて，あるいは状況を勘案して，意識的に欲求の表出や充足を我慢すること。抑圧は強迫的であるが，抑制はそうではない。抑

制のほうが抑圧より健全である。

c．昇華：現実原則を容認する形で欲求を発散すること。

d．合理化：自分の欠点を認めるのが苦痛なので，それを正当化して自分を納
得させること。

e．感情転移：ある特定の人に向けるべき感情を，類似の人に向けること。

f．知性化：感情を生々しく表現するのが怖いので，抽象的に表現すること。

g．退行：現状が苦しいので，ほかのものに心的エネルギーを出して現状の苦
しさを回避すること

h．同一化：自分一人では不安なので，自分以外のものと自分とが融合した自
他一体感をもとうとすること。

i．投影：自分がもっている社会的に望ましくない感情を相手がもっているこ
とにして責任を転嫁すること。

j．反動形成：自分の弱さを人に知られたくないし，自分も認めたくないので，
それを克服すべくほかの極端に走ること。

k．逃避：不安を感じさせる場面から消極的に逃れようとすること。

l．補償：劣等感を克服する方法のこと。直接補償と間接補償がある。

ほかに，人が無意識にかかえている偏癖であるコンプレックスの問題もある。
だれでももっているが，それに気づきにくいのである。

C．病理論

過去の不快な体験や満たされなかった欲求が無意識の中に抑圧され，蓄積す
ることにより病理や問題行動が発生する。

D．目標

目標は無意識の意識化である。自分では意識していない心的葛藤を自覚的に
理解し，問題発生にいたらしめた過去の体験を治療の中で再理解していくこと
である。クライエントは抑圧されていた感情が解放され（カタルシス効果），
自分の無意識に気づき（洞察），症状が緩和していく。

第3章　カウンセリングの基礎知識とカウンセリングマインド

E．カウンセラーとクライエントの関係

　治療者と患者は協同関係にあることから，この関係を「治療同盟」あるいは「作業同盟」という。

2 行動療法（行動理論・学習理論）

　人間の行動は後天的な学習によって獲得されるという学習理論を基礎としており，次の条件づけを応用している。

●レスポンデント条件づけ（古典的条件づけ）

パブロフの実験に端を発している。犬の唾液分泌の条件づけがよく知られている。本来，唾液分泌とは無関係な刺激であるベルの音が，餌と対にして提示されることで，唾液分泌との間に新しい連合を生じた。つまり，犬は餌がないにもかかわらず，ベルの音のみで唾液を分泌するようになった。これをレスポンデント条件づけ，あるいは古典的条件づけと呼ぶ。不安や恐怖の情動はレスポンデント条件づけで形成され，逆に制止することもできるため，問題症状の理解や除去のために活用されている。

●オペラント条件づけ（道具的条件づけ）

ソーンダイクの実験に端を発している。ネコを箱の中に入れ，偶然にペダルを踏むと扉が開き，外に出ることができる。何度もこれを繰り返すうちに，ペダルを踏んで外に出る方法を学習する。同様に，スキナーの実験においても，バーを押すと餌が出る仕掛けの中にネズミを入れて，ネズミがバーを押して餌を得ようとする行動が学習されることを確認した。これをオペラント条件づけ，あるいは道具的条件づけと呼ぶ。自発的行動になんらかの結果が伴うことで，行動の頻度を変える手続きのことである。

A．人間観

　人間は白紙の状態で生まれてくる，と考える。つまり，人間の本性は善でも悪でもなく，善人になるか，悪人になるかは後天的な条件づけ次第であるとする。また，人間には本来，学習能力（行動変容への傾向）があると考える。

36

B．性格論

　人間のパーソナリティは，刺激と反応の連合（習慣の束）である。反応（習慣）は後天的な条件づけの結果であるから，後天的に再学習することにより，行動が変わり性格も変わると考える。

C．病理論

　不適切な行動は，状況にふさわしくない不適応な行動を学習した結果，あるいは適応的な行動が未学習であるために起こる。不安や恐怖はレスポンデント条件づけ（古典的条件づけ）によって説明され，強迫症状はオペラント条件づけ（道具的条件づけ）によって説明される。

D．目標

　行動療法は，不適応行動そのものを対象とし，刺激と反応の適切な結びつきを学習することにより，行動変容や行動の修正をめざす。そのためにはまず行動分析を行い，行動変容のための方法を考える。行動療法は他の療法に比べて，問題解決志向が強い。行動変容が目標なので，性格そのものを変える必要はないとする。

E．カウンセラーとクライエントの関係

　カウンセラーはクライエントの不適応行動や症状がどのように形成され，持続したり悪化したりしているかについて行動理論をもとに分析し，それに基づき治療計画を立てる。クライエントはカウンセラーから与えられた課題や宿題に取り組む。行動療法では，クライエントの状況や問題，内容に応じてプログラムを変えていく。そのためには専門的な知識と訓練が必要となる。

3 来談者中心療法

　ロジャーズが提唱した自己理論を基礎とする。ロジャーズは，助言や指示が中心であった伝統的なカウンセリングを，指示的方法として批判した。指示的内容に対置する方法を提唱し，非指示的方法と呼び，受容，繰り返し，明確化，支持，質問などの技法を重視した。また，「共感的理解」「無条件の好意の念」など，技法よりもカウンセラーの態度が重要視されている。

37

A．人間観

人間は自ら成長し，自己実現しようとする力をもっている。つまり，成長，独立，自律の方向に向けて自らを方向づけようとする自己成長力をもっていると考える。

B．性格論

自分が自分をどう評価しているのかという自己概念が人間の行動を規定すると考えた。よって，性格を変えるとは自己概念を変えることである。どのように変えるかというと，自己一致の状態に変えるのである。自己一致の状態とは，思い込みの自分を粉砕し，事実を直視し，主観と客観が一致している状態のことである。

C．病理論

自己不一致（自己概念と経験のずれ）が問題行動の原因となる。一度できあがった自己概念は壊されまいとする傾向がある。自己不一致状態では，自分の本当の経験に対して嫌悪感を抱いたり，拒否をしたりと，自己概念が脅かされ，混乱して，不安や緊張が高まることになる。

D．目標

目標は自己一致である。クライエントが柔軟な自己概念を取り戻し，自分の経験や感情を否認したり歪曲したりすることなく，ありのままに受容することが中心的目標となる。つまり，感情と行動が一致し，感情と行動に矛盾がない状態にすることである。

E．カウンセラーとクライエントの関係

カウンセラーとクライエントの間には相互に防衛がなく，カウンセラーはカウンセリング場面において安全で自由な雰囲気を与えてくれる。また，カウンセラーはクライエントの自己概念を突き崩す恐怖を与えず，そのままを受容してくれる。このような人間関係をリレーションと言う。リレーションがクライエントの変容を促すとされる。

ロジャーズはクライエントが建設的に変化するための必要十分条件として，次の6つを挙げている。

第3節　認知行動カウンセリング

⑴ カウンセラーとクライエントの間には心理的な関わりがある。

⑵ クライエントは自己不一致の状態にある。

⑶ カウンセラーは自己一致し，統合されている。

⑷ カウンセラーはクライエントに対して無条件の肯定的配慮，つまり受容感を経験している。

⑸ カウンセラーは，クライエントの枠組で共感的にクライエントの内的世界を感じ取り，理解したことをクライエントに伝える。

⑹ カウンセラーの⑷と⑸の状態がクライエントに伝わっている。

　晩年のロジャーズは，エンカウンター・グループを中心に，より個人の主体性を強調するようになった。

第3節　認知行動カウンセリング

　認知行動カウンセリングは，認知行動療法の理論や技法をカウンセリングへ適用したものである。

　認知行動カウンセリングでは，クライエントの認知や行動全般にも働きかける。カウンセラーとの面接の中で，カウンセリングの展開に対応したホームワーク（宿題）が提出されることが多い。問題や障害に調整を加えながらも，適応的なスキルが発展する過程を支援するためである。

1 認知行動療法

　認知行動療法は，行動療法と認知療法の各理論や諸技法が融合された総称である。行動療法が行動変容を中心的に扱うのに対して，認知療法は考え方や物事の受け止め方にも注目していく。

39

第3章　カウンセリングの基礎知識とカウンセリングマインド

2 行動療法

　行動療法は，レスポンデント条件づけをもとに開発された系統的脱感作法（条件刺激に対する過敏な感受性を徐々に減退させ，不適応的な反応を起こらないようにしていく技法），自立訓練法（不安刺激の呈示と弛緩反応としてのリラクセーションを繰り返し，不安や恐怖を徐々に消去していく技法），シェイピング（適応的な行動の獲得に向けて徐々にスモールステップで目標設定をしていく技法），エクスポージャー（現実の不安や恐怖に向き合い，直接的に脱感作を行う技法）など，カウンセリングにおける介入技法を多くもっている。

3 認知療法

　認知療法は，悲観的な考え方に注目し，認知のゆがみに気づき，適切な認知に修正することで，関連する感情や行動や身体の変容を促す。

　不適応状態につながる考え方には，下記のようなものがある。

⑴ 自分自身に関する否定

　「こんなこともできないなんてなんて自分はだめな人間なんだ」など，自分の人格を否定するような考え方

⑵ 周囲に対する否定

　「ここには私のことをわかってくれる人なんていない」など身の回りで起こる出来事や人に対する否定

⑶ 現状・将来に対する否定

　「いまがこれでは，この先もずっとうまくいかない」など現状や将来への希望の否定

　認知を変える技法の主なものは，自己教示訓練法，認知的再体制化（認知的再構成）法，ストレス免疫訓練法などである。

40

第4節 教育実践を支えるカウンセリングマインド

4 論理情動行動療法（論理療法）

　論理情動行動療法（論理療法）では，人間の悩み，不安，絶望などのネガティブな感情は，自分の身に起きた出来事そのものではなく，出来事をどう捉えるか，つまり，出来事の受け取り方に左右され，不快な感情（情動）行動に影響を与えていることが少なくないと考えた。この受け取り方をビリーフと呼び，焦点を当てた。

　援助過程として，ABC理論がある。A（activating event）とは出来事のこと，B（belief）とは個人のもつ信念のこと，C（consequence）とは，Bの結果として生じた感情や行動ととらえる。

　ビリーフは，イラショナルビリーフ（irrational belief）とラショナルビリーフ（rational belief）の2つに分けられ，前者は非論理的で非現実的で目標達成を妨げるようなビリーフを，後者は論理的で現実的で，目標達成に役立つようなビリーフを指す。カウンセラーは前者のイラショナルビリーフに注目し，クライエントの援助をする。

　以上，子どもの発達支援の基盤となるカウンセリングの基礎知識について紹介した。子どもに対してカウンセリングを行うと同時に，教師も人間である以上，悩みや問題をかかえることがある。教師自身が自分自身の悩みや問題を解決できるようになるためにも，これらの理論や知識を有効に活用してほしい。

第4節　教育実践を支えるカウンセリングマインド

1 カウンセリングマインドとは

　カウンセリングマインドという言葉は「カウンセリングの考え方や姿勢を活かして人とかかわろうとする意識や姿勢」という意味の和製英語である。専門

第3章 カウンセリングの基礎知識とカウンセリングマインド

のカウンセラーのように，専門的なカウンセリングの技術で人に対応しようという意識ではない。よってこの言葉は，専門のカウンセラーたちの間よりも，学校教育や医療・看護関係，社会福祉関係など対人関係にかかわる仕事を行っている人たちの間で比較的よく使われている。

「クライエントが自分の問題に気づき，それを自己受容し，さまざまな可能性の中から自分の生き方を自己選択し，自己責任のもとで自己決定し，人生をより建設的に生きていく・自己実現を目指していく」，このプロセスを援助するのがカウンセリングである。カウンセラーはクライエントの問題を解決してあげるのではなく，クライエント自身が自ら問題解決していけるように，援助するのである。

したがって，カウンセリングの考え方や姿勢を活かすカウンセリングマインドとは，次のように整理することができる。

> 相手の立場に立って，その人の考えや行動を受容的・共感的に理解し，自主性を尊重しようとする態度のことである。

カウンセリングマインドで相手に接することで，相手は無条件に大切にされていると感じ，カウンセリングマインドを実施する人に対して安心感・信頼感をもち，自己開示ができるようになる。自己開示とは，自分の主観的世界や自分に関する情報について，飾らずに，肯定的な面も否定的な面も含めて，ありのままの自分の姿を他者に言語を介して伝える行為である。

自己開示ができると，そこから真の自分の問題に気づき，それを受け入れ，新たな生き方を自己選択していく中で，自主性や，自己肯定感が高まっていくのである。

2 教育実践の中でのカウンセリングマインドの発揮とは

教育相談担当の教師だけがカウンセリングマインドで子どもに接する，カウンセリングマインドは子どもとの個別面接のときに必要な教師の姿勢である，残念ながらこのような考え方は，カウンセリングマインドを矮小化している。

カウンセリングマインドは，学校教育において子どもに接するすべての教師に必要とされる考え方であり，姿勢なのである。それはカウンセリングの考え方を反映して，さまざまな教育活動場面で子どもの自主性・主体性・自律性を尊重するものである。

2017年改訂の学習指導要領では，グローバル化・情報化が急速的に進む社会で生きる子どもたちに必要な資質・能力を育む観点から，学習活動が「主体的な学び」「対話的な学び」「深い学び」となることが期待されている。子どもに育成したいのは，自律性や自主性，社会性や責任感と協力的態度，実践的能力などである。そのためには，知識を子どもに教え込むような知識伝達型の指導行動ではなく，学習者が自ら学ぶ方法を身につけ，習慣化させていく一連のプロセス全体を支援する指導行動が求められるのである。このような教師の指導行動を，自律性支援という。

さまざまな教育活動場面で期待される教師のカウンセリングマインドは，自律性支援的な指導行動の発揮である。学習者の視点に立ち，学習者自身の選択や自発性をうながす自律性支援は次の2点が骨子である。

(1) 望ましい結果を効果的に達成する見通しと方法について，教師が学習者に明瞭で十分な量の情報を与える。
(2) その上で，学習者自身で行動を決定する自由度を保障する。

この(1)(2)のプロセスにより，教師は子どもに対して，考えや行動を受容的・共感的に理解し，自主性を尊重する姿勢で援助していくことが求められるのである。

ちなみに，自律性支援的な指導行動の対極にあるのが統制的（control）な指導行動である。統制とは，教師が示す特定の行動をとるように，子どもたちにプレッシャー（やらないと叱責する・成績を下げるなど）を与えて，外発的にやらせることである。

第4章

カウンセリングの技法と
アセスメント

　気になる子どもを呼び出して事情を聴き，適切なアドバイスや援助をする，教師の対応としてよく見られる光景である。しかし，このような対応の効果がいまひとつということが少なくない。教師の介入が性急すぎて，子どもが受け入れられないパターンである。本章では，カウンセリングの面接技法を取り入れ，教師の個別対応の効果を高めるポイントを解説する。

第1節　個別対応のプロセス

1　カウンセリングの３つのプロセスを活かす

　カウンセリングの技法を参考にすると，個別対応を効果的に展開するには，次の３つの基本手順を取ることが有効である（國分，1979）。

(1) リレーションを形成する

　リレーションとは，互いに構えのない，率直に感情交流できるふれあいのある関係である。子どもが教師に本音を語りたくなる，率直に自己開示できるよ

第1節　個別対応のプロセス

うな人間関係を形成することがスタートである。リレーションが形成されていない状態で教師が熱心にアドバイスしても，子どもの心に響かない。さらに，子どもも自分のかかえる問題について本音を話すこともないだろう。その結果，問題を教師が真に理解することはむずかしいのである。

(2) 問題を把握する

(1)を前提に，その子の思いやかかえている問題を，経験則だけではなく，心理学や精神医学の知見を参考に把握することが必要となる（第3章参照）。

(3) 解決策を支援する

(1)と(2)を前提に，問題を子どもの生活状況，学校の援助システムなどの条件に照らし合わせて，援助をしていく。

冒頭の教師の対応例は，カウンセリングの基本手順から見て不十分である。子どもをサポートしたいという教師の思いだけが先行し，空回りしてしまっているといえる。学校現場は，教師が忙しいという理由で(1)が考慮されにくく，(2)も教師の経験則のみで判断され，性急に(3)を行ってうまくいかない，という展開になってしまうことが多くみられる。

2 日ごろのかかわりの必要性

個別対応が必要になったときだけ子どもとのリレーション形成に配慮するのでは不十分である。授業時やふだんのかかわりの段階で，子ども個々とのリレーション形成に努めていくことが求められる。ポイントは次の2点である。

---

(1) 教師の側から自己開示的に，子どもたちに声がけをまめに行っていく。

(2) 自ら話しかけてくることの少ない子どもとの接点を，確実に確保する。

また，そういう子どもがほかの子どもとかかわれる場面を意識して設定する。

---

3 やってはいけない対応

カウンセリングの基本手順からみた，教師が子どもに個別対応する上で注意しなければならない点について，以下に整理する。

45

第4章　カウンセリングの技法とアセスメント

---

(1)リレーションの形成段階でのタブー

・子どもとの関係が薄い中で，強制的に呼び出しを行う

・子どもとリレーションを形成しようという発想がなく，教師役割だけで話を進めようとする

・授業態度に問題の見える子どもに，叱責する雰囲気で面接する

・子どもの話を聞くのではなく，ほとんど教師が話している

・建前が前面に出て，子どもの本音の感情を聴こうとする雰囲気がない

(2)問題の把握段階でのタブー

・子どもの心理特性，障害や精神疾患に関する知識が少ない教師だけで対応する

・教師としての経験則に照らし合わせて，すぐに判断してしまう

・自分の経験の範囲の中で問題を理解しようとする

・専門家の支援を受けることが少ない

(3)解決策を講じる段階でのタブー

・アドバイスだけで，具体的で継続的な物理的サポートをしない

・自分だけで，短期間で解決しようとする

・ハードルの高い無理な計画を子どもに課してしまう

・行きつ戻りつする子どもの実態に柔軟に対応せず，進展だけをめざす

上記を踏まえた上で，第2節では，各段階での展開の概略を解説する。

4 守秘義務について

　子どもとリレーションを形成していく中で，「先生だから話したんだよ。だれにも言わないで」「秘密にして」という展開はよくあることである。しかし，その内容が深刻で，管理職や学年主任，関連のある教師たちと情報を共有して対応すべき内容であった場合，対応に困ってしまう。

　病院などの医療機関，心理臨床の専門的相談室などでは，来談者に関する守秘義務は固く守るのが原則である。その原則を貫き通している学校に派遣されているスクールカウンセラーもいるが，学校の中に独立した相談室を形成して

46

いる状態では，学校の教育相談部門との連携がむずかしくなる。

学校では，一人の子どもに複数の教師がかかわって対応している。「学校における守秘義務は，情報を『校外に洩らさない』という意味にとらえるべき」である（生徒指導提要，2010）。そして，情報の管理と扱いは十分に注意しなければならない。教師同士の雑談レベルの話題にしてはならないのである。

できれば，「この問題はどうしてもほかの先生方と協力して解決していく必要がある」と子どもに伝え，了承を得ることがベストである。

第2節　個別対応の進め方

1 リレーションを形成する段階

十分なリレーションの形成が，個別対応のスタートである。

(1) 教師側の基本的な態度・姿勢

相談にきた子ども（来談者）は，先生に話すだけで問題が解決できるのだろうか，話したくないことまで話さなくてはいけないのだろうか，という不安をもっていることが多い。まずは，不安を軽減する対応が求められるのである。

この段階でのポイントは，ここで問題解決に取り組んでみようという子どもの参加意欲を高めることにある。個別対応は継続して対応していかなければ解決しないことが多い。したがって，これからも継続して面接に来てみよう，という意欲をもたせることである。

そこで，子どもがかけがえのない存在であるという認識をもち，援助関係を築くことが大切である。そのときの教師の態度・姿勢には次の点が求められる。

●受容

非審判的・許容的な雰囲気で話を聴き入れることである。裁く姿勢，咎める姿勢，直そうとする姿勢はダメである。教師役割を出すのを控え，相手の身になって話を聴くことが求められる。「一緒に話すことによって，自分の気持ち

47

第4章　カウンセリングの技法とアセスメント

を整理したり，これからどうすればいいかを考えていけるといいね」「何か手伝いができたらいいと思っていますよ」という具合である。その際，この場で話された内容の守秘義務については，しっかり説明を行うことが必要である。

●支持

子どもの感情を肯定・承認することである。「なるほど」「そうだよね」という言葉をかけ，子どもの思いを受け止めていくのである。特に，子どもがもっと話すように，さらに問題を探り，必要な行動を起こすように相談者が励まし，促す即座の応答（プロンプト）も適切に活用する必要がある。

プロンプトの表現形式としては，次のようなものがある。

> ・強調：来談者によく注目して欲しいことに関する言葉を繰り返す
>
> 　来談者「友達がよく陰口を言うんです。それを聞かなくてはならないのです」
>
> 　教師「聞かなくてはならない」と自己の内面に方向づけて返す
>
> ・短い応答：深いうなずきなどの非言語的コミュニケーションをとる
>
> 　「なるほど」「ほー」などである
>
> ・コメント：話を聞いた相談者の率直な思いを伝える
>
> 　「これまでの話を聞いて，あなたがずっとつらい気持ちを我慢してきたんだと
>
> 　感じています」などと思いを伝える

(2) リレーション形成の留意点

●個別対応に抵抗のある子どもには

本人は問題意識がなく，学習放棄や私語，授業妨害などで周囲が問題を感じたり被害を受けたりする場合に，子どもを呼び出し面接するケースである。

このような場合，子どもは抵抗を起こし，ふてくされた態度や感情的な発言をすることが多いものである。そういうときは，子どももこの面接になんらかの意味を感じていると捉え，その言動や感情に巻き込まれないで，教師は感情的，叱責口調にならず，丁寧語で端的に話しかけることが求められる。

「ムカツク」などの発言に対して，「ムカツクとは，具体的にどういうことなの？　私にもわかるように，詳しく説明してくれないかな」という具合である。

48

第2節　個別対応の進め方

●対人交流の苦手な子どもには

　ほかの子どもとほとんど交流していない孤立状態，からかわれたりしていて
も黙っているような状態の子どもである。こういう子どもの場合には，教師が
気になっている点についていきなり質問するのではなく，日常的なことから話
し始めるなど，リレーションの形成に十分時間をかけることが求められる。

2 問題を把握する段階

　子どもが自分のかかえる問題について本音を話してくれなければ，その子が
かかえる問題を真に理解することはむずかしい。リレーションの形成を前提に，
かつ教師の経験則だけではなく，心理学や精神医学の知見を参考に問題の把握
がなされることが必要である。

　同時に，子どもが自分のかかえる問題をしっかりと自覚し，自分でその問題
に向き合うことが求められるのである。

(1) 教師の基本的な態度・姿勢

　子どもの素直な感情，秘めた考えを引き出すような聴き方が求められる。人
は自分の思いを率直に語っているうちに，心の中にある真の問題に気づいてい
くものである。この段階になると，教師は問題の本質を理解することができる。

　「問題の把握」の段階は2段階ある。まず子どもが自分に目を向け，自分の
心を探っていけるように援助する段階〈自己探索への援助〉，次に自分の真の
問題に直面していけるように援助する段階〈直面化への援助〉である。

〈自己探索への援助〉

●傾聴

来談者の内面や状況を理解するつもりで，語る内容や非言語のメッセージを聴
く姿勢である。第一に非言語的メッセージ（表情，動作，声の調子など）を観
察し読み取ること，第二に言語的メッセージに耳を傾け理解することである。
その際，教師は自分の価値観から先入観で来談者を評価してはならない。来談
者の援助者として，その来談者をまるごと理解する姿勢や態度が求められる。

●共感的な応答

共感の目的は，来談者が自分の言いたいことがわかってもらえたと感じ，自分のことをもっと話してみようという気持ちがもてるように援助をすることである。教師は来談者の考え方や感情などを理解し，理解したことを伝え，来談者が「そうです」と言えるような応答に置き換えることが求められる。

聴き取った主なことを伝え返すことを応答技法（反射・反映）というが，それは次のような具合である。

・反射の基本形「今あなたの言ったことは，……ということですね」
・感情の反映　「あなたの気持ちは……ですか」
・意図・願いの反映　「あなたが言いたいことは……ですか」
・葛藤の反映「あなたの気持ちは一方では……，他方では……ですね」
・事柄と感情の反映　「……だから・それで……なんですね」

教師の応答によって，来談者は自分の言ったことをあらためて見直すことができる。そして教師も，自分がどれだけ来談者の感情に近づけたかを確認することができるのである。

〈直面化への援助〉

●繰り返し

相手の話のポイントを整理し，伝え返すことである。単なるオウム返しはダメである。例えば来談者が長々と物語った場合，ある段階で整理し「あなたが話したことは……と理解していいですか」という具合である。要約とも言う。

●明確化

相手がはっきりと意識化していないこと，抵抗があって言語化していないことを先取りして，言葉にして伝えることである。例えば，次のような感じである。

・感情を言語化する「なんか沈むんです」→「寂しいんだね」
・その人を主語にして言い換える「人はみんな裏表があるから嫌だ」→「あなたもそういうことがあるの？」

第2節　個別対応の進め方

・人のことばかりを批判的に語る相手に対して「彼はいつも自分勝手で私を巻き込むのです」→「あなたは断ることができないの？」

明確化によって，来談者は曖昧にしていることをしっかり確認することができ，自分の問題に向き合うことができるのである。

●対決

来談者が自分の真の問題に直面するのを避けるために，意識的あるいは無意識的に用いてきた不一致や矛盾，葛藤に向き合わせることによって自己理解を深める。言葉の上だけではなく，実際の行動へ前向きに取り組めるよう援助するため，来談者の心の中の矛盾や不一致に気づき，それを表現する。批判することなく，あたたかい感情を向けて率直に表現していくことが求められる。

矛盾をあたたかく表現するというのは，次のような言い方である。

・言っていることと，実際の行動との不一致：「まじめにやってきたと言いましたが，無断欠席や遅刻が多いのはどういうわけでしょうか」

・語っている感情と態度との矛盾：「あなたは別に平気と言いましたが，私にはつらそうに見えるのですが」

・現状と願望や欲求とのズレ：「ＩＴ関係の仕事がしたいと言いましたが，いま取り組んでいる内容とどうつながるのですか」

・言っていることの矛盾：「先ほどは……と言っていたのに，いまは……と言っています。どう違うのでしょうか」

⑵ 「問題の把握」の留意点

　人はだれもが自分を護りながら生きている。子どももこれまでの生活の中で，自分にとって負と意識されたさまざまな出来事から自分を護る方法をつくりあげている。その方法自体が問題の本質を包んでいるのである。例えば，選択をしないで引きのばす，逃避する，などである。

　自分がいま行おうとしていることが何かをはっきり自覚し，自分自身にとってそれがどのような意味をもつのか十分に吟味することで，子どもは根本的な問題に向き合い，それに対決することが唯一の選択肢であるという決断を徐々

51

第4章 カウンセリングの技法とアセスメント

にできるようになるのである。

　ただし，自己のもちつづけてきた構えやスタイル（考え方や信念，行動パターン，生活習慣など）を変えていくことは，大きな困難を伴う。そのときは頭で理解できても，いざ変えるとなると行動が伴わなかったり，変えない理由をひたすら探したりと，なかなか前に進まないものである。ここで教師がせかしたり，実行を強く迫ると，面接そのものを拒否され，元の木阿弥になる。この段階では，じっくり話を進めていくことが大事である。

3 解決策を支援する段階

　解決策の支援を行うため，継続された面接から5W1Hを押さえ，子どもの直面する問題について一定の見立てをもつ。

　・Who ——— 困っているのは誰か

　・What ——— 何を訴えているのか

　・When ——— いつからそれが問題となっているのか

　・Why ——— なぜこの人にとって問題となっているのか

　・Where ——— どこで問題が起こっているのか

　・How ——— どのように問題となっているのか

　その問題を子どもの生活状況，学校の援助システムなどに照らし合わせ，解決策を支援していくのである。それは，子どもが目標を設定し，計画を練り，実行し，さらにその一連の過程を自己評価して，目標と計画，行動を調整することを援助することである。次のような展開になる。

(1) 教師側の基本的な態度・姿勢

●目標の設定を支援する

　自分はどうなりたいのか，問題となっていることがどのようになればよいのか，を明確にして，具体的かつ実現可能な目標を確認することが求められる。

●行動計画を支援する

　「どうなりたいか」を踏まえ，「どのように達成したらよいか」を子どもと一

緒に検討する。行動を起こすためのプログラムを，実現・実行が可能な具体的なものを，必要な時間，期間を考え，スモールステップで最終目標を達成できるように支援することが求められる。

場面に応じて必要な行動を実行できるという子どもの判断，感覚（自己効力感）を確実なものにするため，過去の成功体験を活用したり，お手本になりそうなほかの子どもの行動を繰り返しよく観察させたり（モデリング），模擬場面で練習したり（リハーサル）することも必要である。

●計画の実行を支援する

「実行─評価─計画の調整─実行」のサイクルを繰り返していく。その際，子どもが自己評価するための援助として，計画どおりできたか，緊張感はどうだったか，どういうことを感じたり考えたりしたか，どこがうまくいったか，次回はどこに気をつければよいかなどを，個別面接で確認していくのである。

(2) 解決策の支援についての留意点

評価をしたら，行動修正のフィードバックを行うことが求められる。うまくいかなかったことについて，目標や計画，実行の修正をするのであるが，子どもが肯定的に受け止められるように援助することが大切である。例えば，子どもが「ここまでしかできなかった」と報告したら，「ここまでできるようになった」と繰り返してあげるという具合である。

4 終結

次のような状態が来談者に見られたら，個別面接の終結の目安となる。

---

(1) 心理的・情緒的安定が得られたと感じたとき

(2) 症状の消失や対人関係など心理的問題が解決されたと感じたとき

(3) 自己理解・自己受容の深まりが感じられたとき

(4) 現実の生活場面で望ましい行動の変化や成長が感じられたとき

(5) 面接過程における問題解決の体験が，ほかの問題の解決へも適応されると感じたとき

第4章　カウンセリングの技法とアセスメント

　そして，教師と子どもの合意の上で一連の面接は終結する。教師と子ども双方が問題の解決に満足し，合意の上で面接を終了するのが理想的である。

　終結する際の準備として，教師は子どもと一緒に，開始したころから終結までの面接の過程を振り返ることが求められる。具体的には，面接で何を得，何が変わったかについて言語化して考える，終了後の教師の援助なしで自分の生活を営む心構えとして，自分の現在の状態について点検する，などである。

　最後に，今後，子どもが面接での経験を手がかりにして積極的に対応するよう励まし，自分自身の力で解決できるという効力感を確認して終結する。

第3節　教育相談におけるアセスメントの重要性

　アセスメントとは，子どもの課題に関連する問題状況や緊急対応での危機の程度等の情報を収集・分析・共有し，課題解決に有効な支援仮説を立て，支援目標や方法を決定するための資料を提供するプロセスである。深刻化，多様化，低年齢化する生徒指導の諸問題を解決するためには，保護者，学校内の複数の教職員，関係機関の専門家，地域の人々等がアセスメントに基づいて，チーム支援で対応することが求められる。

◼1 アセスメントの方法

⑴ アセスメントをする際のポイント

●生物・心理・社会モデル（Bio-Psycho-Social Model）

　生物・心理・社会モデル（BPSモデル）とは，子どもの課題を，生物学的要因，心理学的要因，社会的要因の3つの観点から検討するものである。例えば，不登校の子どもの場合「生物学的要因として発達特性，病気等」，「心理学的要因として認知，感情，ストレス，パーソナリティ等」，「社会的側面として家庭や学校の環境や人間関係等」から実態を把握することができる。アセスメントは，要因の多様さと複雑さを的確に整理して理解することが大切である。

●面接法・観察法・調査法

　学校や学年，学級・ホームルーム，子どもの全体状況のアセスメントでは，多角的・多面的でかつ客観的な資料を得ることが重要である。そのためには次の３つの方法を統合してアセスメントすることが求められる。

　子どもとの会話等を通して，悩みや問題等を情報収集する方法（面接法）。目に見える具体的な行動に着目して情報収集する方法（観察法）。知能を測定する WISC や K-ABC，学力を測定する NRT，学校適応状態を把握する Q-U 等を実施して情報収集する方法（調査法）。三者の統合的理解が大事である。

(2) 課題早期発見対応（プロアクティブ）と困難課題対応（リアクティブ）

●困難課題対応におけるアセスメント

　すでに問題を抱えていたり，危機に陥ったりして特別な指導・援助を必要とする子どもには，早急に対応する必要がある。チームで支援することが多い。その際，生徒指導主事や教育相談コーディネーター等が中心となり，SC や SSW 等を含む関係する教職員が参加し，課題の明確化と対応目標の共有を行うため，ケース会議を開催することでアセスメントを行う。これが困難課題対応におけるアセスメントである。これに基づいて「チーム支援計画」が作成されるため，アセスメントはチーム支援の成否の鍵を握っている。

●課題早期発見対応におけるアセスメント

　子どもの発達課題や教育課題の促進や学校適応の向上をめざして，子ども一人一人の性格特性や学力・学習意欲，ソーシャルスキル等，そして授業や集団活動を展開する学級集団の状態や風土について，アセスメントを行う。これが課題早期発見対応におけるアセスメントである。これに基づいて学校教育を展開することで，教育効果の向上につながるのである。

2 アセスメントの留意点

　アセスメントをする際には，単に問題の原因探しをするだけでなく，問題の構造や本質を冷静に探究・吟味し，必要があれば，意見や取組みでの対立にも考慮し，バランスのとれた具体的な解決策を見出そうとする姿勢が不可欠であ

第 4 章　カウンセリングの技法とアセスメント

る。教師が子どもを見るときは，自分自身の視座（視点や認識の枠組み）に気づくことが求められる。教師は，問題の本質を理解しようとする姿勢を大切にし，教師と子どもは相互に影響し合うことを忘れてはいけない。問題の原因を子ども本人や家庭のみにあると決めつけて対応すると，信頼関係を基盤に子どもや保護者に働きかけることがむずかしくなる。つまり，自分の見立てがいつも正しいとは限らないと考えるからこそ，関係機関や家庭，地域等，多様な人々と協働する意味があるのである。

第4節　子どもの気になる行動や態度に気づく観察ポイント

1 日頃のリレーション形成の必要性

　繰り返しになるが，教師が子どもの気になる行動や態度の小さな変化に気づくためには，日常からよくかかわりをもち，十分に観察することが必要である。同時に，子どもにとって「気軽に話せる」「率直に伝えられる」「相談しやすい」存在としての教師の対応が求められるのである。

　以下に，生徒指導提要（文部科学省，2022）を参考に子どもの問題を早期発見する観察ポイントを示す。問題には，不安やストレスなどの心理的要因や，人間関係に起因する不適応などの社会的要因，発達障害などの生物的要因，そして三者が交じり合った要因が想定されるため慎重な対応が求められる。

2 子どもの様子の観察ポイント

(1) 一般的な態度，行動面の変化

授業をはじめ学校生活のさまざまな場面で顔色が優れない，表情がこわばる，行動に落ち着きがない，教師の顔色を窺う，などの様子が見られるようになった／遅刻・早退が多くなった／急に反抗的な言動や態度をとるようになった／

56

急に喋らなくなった／掃除や係活動の取組みが雑になった　など

(2) 身体に表れる変化

頭痛・下痢・原因不明の熱などが身体に表れ，欠席するようになった／持病の小児喘息やアトピー性皮膚炎が悪化した／体重の大きな増減があった／傷やあざがしばしば認められるようになった／同じような洋服を着てくるなど，不衛生な面が認められるようになった／校則違反の洋服を着たり，持ち物をもってきたりするようになった／化粧をする，茶髪，派手な髪型になった　など

(3) 学習活動に表れる変化

授業に集中できないようになった／学習意欲が低下し，宿題を頻繁に忘れてくるようになった／学業成績が急低下した／答案に白紙の部分が多くなった／書いた作文，描いた絵や作成した造形物に，異様な雰囲気が認められた　など

(4) 友達関係に表れる変化

付き合う友達が変わった／休み時間に一人でいることが多くなった／特定の子どもから命令される場面を見かけるようになった／授業中の発言を周りから笑われる・からかわれるようになった／嫌なあだ名で呼ばれるようになった／リーダーシップをとらなくなった／SNSのグループから外されている　など

(5) その他

高価な持ち物をもっている／友達に飲食を奢ったりしている／繁華街に頻繁に訪れるようになった　など

　以上のような変化に気づいたら，記録に残すようにし，まず学年団の同僚教師や専科教師，養護教諭などと情報交換して理解を深める必要がある。また，ふだんから保護者とよい関係を築いておくことで，保護者と協力関係をとることができ，理解が促進され，早期対応につながる可能性も高まる。

第4章　カウンセリングの技法とアセスメント

第5節　個と集団をアセスメントするツール：Q-U

1 個と集団のアセスメントに役立つQ-U

「QUESTIONNAIRE UTILITIES」は，標準化された心理検査であり，頭文字をとって「Q-U」と呼ばれている。子どもたちの学級生活の満足感と学級生活の領域別の意欲を測定し，不登校になる可能性の高い子ども，いじめ被害を受けている可能性の高い子ども，各領域で意欲が低下している子どもなど，一人一人の特性や問題の発見につなげる。信頼性と妥当性が高く，教師が活用しやすいアセスメント・ツールとして近年注目されている。

Q-Uは「学級満足度尺度（いごこちのよいクラスにするためのアンケート）」と「学校生活意欲尺度（やる気のあるクラスをつくるためのアンケート）」の2つの心理検査から構成されるテストバッテリーである。

⑴ 学級満足度尺度（いごこちのよいクラスにするためのアンケート）

Q-Uの「学級満足度尺度」は子ども個人の状態，学級集団の状態，学級集団と個人との関係性の状態，の3つを同時に測定するための尺度である。

学級満足度尺度には，自分の存在や行動をクラスメートや教師から承認されていると感じているか否かに関連している「承認得点」と，不適応感やいじめ・冷やかしの被害の有無と関連している「被侵害得点」の2つの得点軸がある。各6つの質問項目（中・高等学校用は各10項目）が，それぞれ4件法（中・高等学校用は5件法）で構成されている。承認得点と被侵害得点をそれぞれ合計した上で，2軸の直交座標上にプロットすることで，個人の学級内での状態をアセスメントする（図4-1）。

一方で，学級内のすべての子どもの得点情報を俯瞰的に見ることで，学級集団の状態もアセスメントできる。被侵害得点の得点情報は学級集団内のルールと対応させ，承認得点の得点情報は学級集団内の親和的な人間関係（リレーション）と対応させて，ルールとリレーションの確立度の具合によって，学級集

58

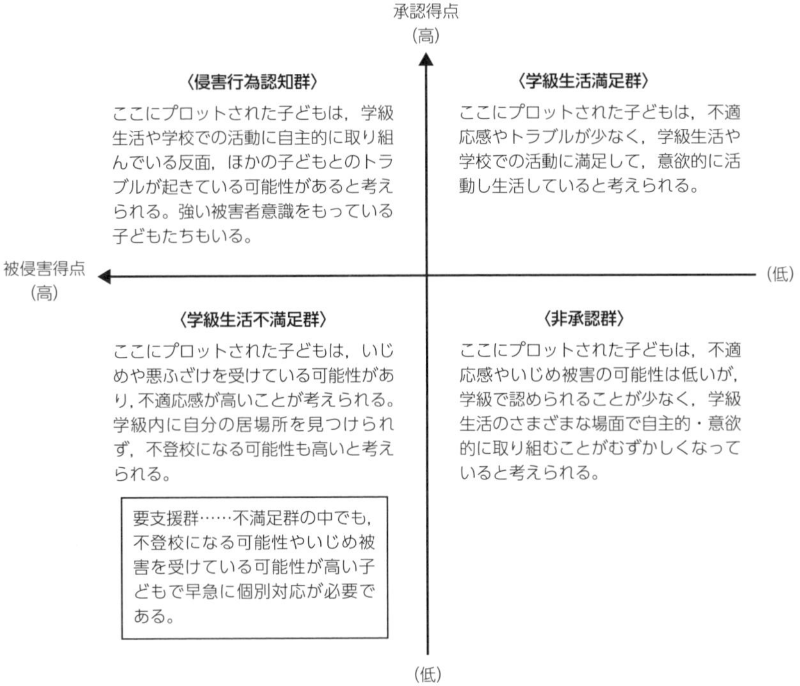

第5節　個と集団をアセスメントするツール：Q-U

承認得点
（高）

〈侵害行為認知群〉

ここにプロットされた子どもは，学級生活や学校での活動に自主的に取り組んでいる反面，ほかの子どもとのトラブルが起きている可能性があると考えられる。強い被害者意識をもっている子どもたちもいる。

〈学級生活満足群〉

ここにプロットされた子どもは，不適応感やトラブルが少なく，学級生活や学校での活動に満足して，意欲的に活動し生活していると考えられる。

被侵害得点
（高）　　　　　　　　　　　　　　　　　　　　　　　　　　　　　　（低）

〈学級生活不満足群〉

ここにプロットされた子どもは，いじめや悪ふざけを受けている可能性があり，不適応感が高いことが考えられる。学級内に自分の居場所を見つけられず，不登校になる可能性も高いと考えられる。

〈非承認群〉

ここにプロットされた子どもは，不適応感やいじめ被害の可能性は低いが，学級で認められることが少なく，学級生活のさまざまな場面で自主的・意欲的に取り組むことがむずかしくなっていると考えられる。

要支援群……不満足群の中でも，不登校になる可能性やいじめ被害を受けている可能性が高い子どもで早急に個別対応が必要である。

（低）

図4-1　学級満足度尺度のプロット図

団を次の6類型のいずれかに当てはめ，アセスメントを行う。

- 両方の確立度が高い「親和的なまとまりのある学級集団（親和型）」
- リレーションの確立度が低い「かたさの見られる学級集団（かたさ型）」
- ルールの確立度が低い「ゆるみの見られる学級集団（ゆるみ型）」
- 両方の確立度が低い「不安定な要素をもった／荒れの見られる学級集団」
- 両方が全く確立していない「教育環境の低下した学級集団（崩壊型）」
- ルールとリレーションの確立に方向性がない「拡散した学級集団（拡散型）」

(2) 学校生活意欲尺度（やる気のあるクラスをつくるためのアンケート）

　Q-U の「学校生活意欲尺度」は，子どもたちの学校生活における意欲をアセスメントするための尺度である。調査する領域は，「友人との関係」「学習意

第4章 カウンセリングの技法とアセスメント

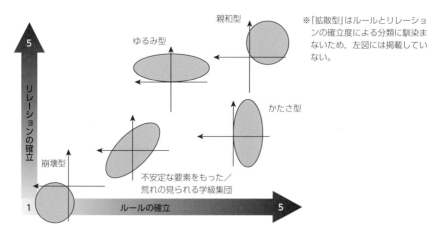

図 4-2 学級集団の状態（主な 5 類型）

欲」「学級との関係（学級の雰囲気）」「教師との関係」「進路意識」（小学生版は前3つのみ）である（**図 4-3**）。

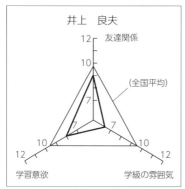
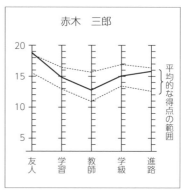

図 4-3 学校生活意欲尺度の結果表示例
（左図は小学校用，右図は中・高等学校用）

60

第Ⅱ部　実際編

第5章

校内体制と組織的な教育相談

第1節　教育相談体制のあり方

1 学校全体で教育相談機能を発揮する際の考え方

　校内の教育相談体制を確立する第一歩は，好ましい人間関係を形成し，学校や学級集団に適応し，授業や学級活動に主体的に参加し，豊かな人格形成をしていくという教育目標を達成するために，教育相談的なアプローチのねらいを教職員間で確認することである。学校での教育相談は，子どもに「一定レベルの心のパワーの保持」と「一定レベルの社会性の保持」の2点を満たすように行う必要がある。

(1) 一定レベルの心のパワーの保持

受容的な家庭生活を通して健全な自己イメージが形成されている，情緒が安定している，その上で学校でも主体的に行動しようという意欲がもてている，という状態である。悪い自己イメージや不安をかかえていたり，他者に対する恨

第1節　教育相談体制のあり方

み・憎しみなどを秘めていたりすると，建設的な行動に向かわないのである。

⑵ 一定レベルの社会性の保持

学校や学級のルールを守って生活する，クラスメートと協力して係活動に取り組む，自分の欲望をコントロールして協働する，といった社会的行動ができる状態である。多くは家庭生活でのしつけを通して，はぐくまれていく。学校生活ではぐくまれる部分もある。

すべての教師が常に⑴と⑵の育成を視野に入れ，具体的な対応を行うことが必要である。これが開発的カウンセリング・1次的援助である（第1章参照）。

子どもの問題行動は，上記2つの条件のいずれか，もしくは両方が満たされていないときに，学校生活・活動の中で非建設的な行動として表出する。問題行動は，不登校などの「非社会的行動」と対人暴力などの「反社会的行動」に大別できる。

非社会的行動とは，対人関係を結ぶことや社会的活動に参加することを回避する問題行動を指し，⑴の条件が満たされていない場合が多い。反社会的行動とは，学校や学級・地域社会の秩序を乱し，規範を無視／逸脱した行動をとることを指し，⑵が満たされていない場合が多い。

非社会的行動は問題が本人にとどまることが多いが，反社会的行動は周囲の人や物に与える影響が大きいことが多く，問題視されやすい。しかし，両者の背景要因には重なる部分も多い。例えば，暴力をふるう子どもの背景に，⑴の問題からくる不安がある場合は少なくない。そういう子どもに協調的に行動することをただ迫っても，根本的な解決にはならないのである。

このように，問題行動に対しては，子どもの⑴と⑵の状態をアセスメントし，校内の教師が連携して対応することが求められる。大事なのは，問題行動への対処がすべてではなく，子どもの発達を促進することである。兆候の見られる子どもを早期発見したり，問題発生を予防したりするのが予防的カウンセリング・2次的援助である。そして，顕在化した問題行動に対応するのが治療的カウンセリング・3次的援助である。

2 教育相談体制の考え方

　教師は，学校目標を達成するため，校務分掌された各部門・委員会を設立し，組織的に対応している。教育相談においてもそれは同じで，有効に目標が達成でき，教育相談に対する教師一人一人の意識を高めていけるような組織体制を形成していくことが重要である。

　近年，教師の多忙感が教育実践や子どもの対応に支障をきたしているという報告が多数なされている。各学校はまず組織体制の再検討に取り組まなくてはならない。子どもの実態と組織体制のミスマッチが考えられるからである。従来の体制ありきでなく，実態に即した機能的な組織体制づくりが求められる。

　どのような組織体制が必要かについては，各学校の子どもの実態のアセスメントが前提になる。具体的には，子どもの1次，2次，3次の援助レベルの比率を調べ，必要とされる各レベルの援助が効果的に展開でき，かつ，各レベルの援助が有機的に連携できる組織体制を構築する。

　校内の全教師で(1)と(2)の育成，問題行動への対応を効果的に推進していくためには，最低限，原案立案・連絡調整をする部門が必要であり，その役割と責任は，校務分掌の部や委員会，係として，明確にされていることが求められる。

　従来の学校現場では，子どもの非社会的行動は教育相談担当教師が対応し，反社会的行動は（狭義の）生徒指導担当の教師が対応することが多かったが，それは治療的カウンセリング・3次的援助のみを重視した体制である。大事なのは，校内のすべての子どもに対して，(1)と(2)を統合的に育成できる体制であり，個別対応と全体対応の統合的な組織的対応なのである。

　したがって，学校種と地域性を視野に入れながら，子どもの実態と教師たちの構成に応じて，機能しやすい体制をつくることが必要である。

3 学校現場の実際とコーディネーターの必要性

　実際に学校現場で多く見られる体制には，以下の形態がある。

第1節　教育相談体制のあり方

- ●生徒指導部と教育相談部が独立して組織されている
- ●生徒指導部の中に教育相談係として組み込まれている
- ●特別支援教育部の中に教育相談係として組み込まれている
- ●関係する各部門の責任者が集まって委員会として組織されている

　最終的な目的が同じ生徒指導と教育相談とは，その方法が相補的な関係になっている。日本の教師は生徒指導（ガイダンス）の機能を発揮するため，多岐にわたる知識や技能と，それらを統合して展開するアセスメントを含めた技量を求められることになる。それも普段の学習指導を行いながらである。

　ここに一人の教師が取り組める仕事量の問題がある。全員が生徒指導の全領域の知識と技能を一定レベルまで獲得するのは現実的にはむずかしく，校内の教師がそれぞれの得意領域を担当するという分業の発想が出てくる。

　多くの学校で，非行や逸脱行動などの矯正指導が必要な反社会的な問題は（狭義の意味での）生徒指導部，学級不適応や不登校などのカウンセリング的対応が必要な非社会的な問題は教育相談部に位置づけられることが多い。学校によっては，生徒指導部と教育相談部の連携が少なく，独立して対応することも多い。そういう学校では，教師の意識も生徒指導と教育相談の捉え方が独立し，生徒指導の全機能の発揮にも個人的な偏りが生じる。

　ここに，本来同じ目的であり統合的に対応されるべき生徒指導と教育相談が，独立して展開される傾向が見られるのである。学級の実態に関係なく，担任する教師の得意な対応の比重が高まる危険性は否定できないだろう。

　また，学校にはスクールカウンセラーやスクールソーシャルワーカーなどの外部人材も配置されつつあるが，コーディネーター役として校内体制の連絡・調整に当たる教育相談担当教師の存在が重要である。養護教諭や特別支援教育コーディネーターがこれを兼ねたり，複数の教師が担うようにしたりするなど，学校の実状により柔軟な対応が求められる（生徒指導提要）。

第5章　校内体制と組織的な教育相談

第2節　教育相談の進め方

1 教育相談の対象と実施者

　第1章で説明したカウンセリングの3つの様態と学校心理学の3段階の援助レベルで考えると，教育相談は，1次援助レベルの開発的カウンセリング，2次援助レベルの予防的カウンセリング，3次援助レベルの治療的カウンセリングをすべての子どもを対象として実施するものである。教育相談は特定の役割の教師だけが行う専門的なものではなく，すべての教師がすべての子どもにあらゆる教育活動を通して行う教育方法の1つなのである。

2 担任教師が行う教育相談

　担任教師は，かかわる時間が多く，子どもの最も身近な存在なので，適時，適切に1次，2次，3次的援助を行うことが求められる。特に期待されるのは教育力の高い学級集団を通した開発的教育相談活動で，第1節で説明した一定レベルの心のパワーの保持と一定レベルの社会性の保持を満たしていくことである。具体的には次のような対応である。

(1) 支持的な学級風土を形成する　発達支持的教育相談

　支持的な学級風土の形成により学級を子どもたちの居場所となるようにし，一定レベルの心のパワーを満たしていく。学級風土とは子どもたちが感じ受容する教室を支配する雰囲気であり，支持的風土とは次のような特徴がある。

> 級友との間に信頼感がある／率直にものが言える雰囲気がある／組織として寛容さがあり相互扶助がみられる／ほかの集団に対して敵意が少ない／目的追求に対しての自発性が尊重される／学級活動に積極的な参加がみられ，自発的に仕事をする／多様な自己評価が行われる／協同と調和が尊重される／創造的な思考と自律性が尊重される

支持的な学級風土の中でさまざまな学級活動を子どもたち同士で協同的に取り組むことを通して自律・協力・自主性・リーダーシップなどの資質が育成され，人格形成につながっていく。

⑵ 教育活動を通して承認感をもたせる　発達支持的教育相談

友達関係や学習活動，学級活動や担任教師との関係などを通して，他者から承認され，活動内容に自ら納得して自己承認できるよう働きかける。これが子どもの心のエネルギーを充足し，活動への意欲へとつながる。

⑶ カウンセリングマインドで教育活動を展開する　発達支持的教育相談

カウンセリングマインドとは相手の立場に立って，その人の考えや行動を受容的・共感的に理解し，自主性を尊重しようとする態度のことである。この姿勢で子どもに接することで，子どもは安心感・信頼感，自主性・自己肯定感などを得ることができる（第3章4節参照）。

⑷ 子どもの問題を早期発見する　課題予防的教育相談：課題早期発見対応

学級不適応や学習意欲の低下など，兆候の芽を早期発見・支援していくことが求められる。普段からのアセスメントの徹底と，問題の背景にある心理社会的な要因に関する知識，問題発生の機序に関する知識と適切な対応方法を身につけることが必要である。また，前提としてカウンセリングマインドをもって，子どもの気になる行動や態度に早期に気づける観察力が求められる。

3 教育相談担当教師が行う教育相談

各学校の校内教育相談体制をリードする役割が，教育相談担当教師である。その位置づけは学校ごとに若干の相違はあるものの，期待される仕事内容としては次のものがある（生徒指導提要，2010）。

⑴ 担任教師のサポート

子どもや保護者の対応に悩む担任教師を支えることが求められる。保護者面接に同席したり，特定の子どもの個別面接を担当したりすることもある。

⑵ 校内への情報提供

「教育相談だより」などを発行し，教育相談担当者研修で得た最新情報や子

第 5 章　校内体制と組織的な教育相談

どもの理解や指導に役立つ心理検査を紹介する。全教師で情報共有することで，校内の教育相談体制の力量アップを図る。

(3) 校内および校外の関係機関の連絡調整・危機介入のコーディネート

チーム支援を要するような深刻な問題となった子どもの対応に際し，担任教師や管理職・養護教諭・スクールカウンセラー間をつなぎ，組織対応を推進する。必要に応じて校外の専門機関とも連絡調整する。

(4) 校内の教育相談研修の企画運営

すべての教師の教育相談の力量を向上させるため，学校のニーズに応じ，問題のある子どもについての事例検討，日々の教育実践に役立つ研修，新しい知識を習得する研修，体験的に学ぶ研修，を企画・運営する。

(5) 校内の教育相談に関する調査研究の推進

いじめについてのアンケート，友達関係調査などを実施し，校内のすべての子どもの実態を把握することで，教育相談体制の 1 次，2 次対応を強化する。

4　養護教諭が行う教育相談

保健室には頻回に心身の不調を訴える者，いじめや虐待が疑われる者，不登校傾向者，非行や性的な問題行動を繰り返す者など，さまざまな問題をかかえた子どもが来室する。保健室でこのような子どもとかかわる養護教諭に期待される仕事内容は，次のように整理される（生徒指導提要）。

(1) 早期発見

子どもは自分の気持ちを言葉でうまく表現できず，心の問題が表情や行動，頭痛・腹痛などの身体症状となって現れることが多い。「心身症」といわれるもので，精神的なストレスにより身体症状が出ている状態である。養護教諭は症状（アトピー性皮膚炎が急に悪化しているなど）や行動（用事がないのにたびたび保健室に顔を出す，何かと身体の不調を訴えるなど）を早期発見し，心身の健康観察や情報収集を図り，問題の背景を的確に分析することが求められる。

(2) 早期対応

兆候に気づいた時点で，学級担任・ホームルーム担任などと話し合い，普段

第2節　教育相談の進め方

の生活の様子や学業成績，友達関係，家庭状況などの情報を照らし合わせて対応を検討する。必要に応じて学年主任や教育相談担当教師，不登校問題担当教師，特別支援教育コーディネーター，スクールカウンセラー，学校医などと校内連携を図ることも求められる。

(3) 専門機関との連携

　養護教諭は日常の学校保健活動の中で医療機関や相談機関などとの連携の機会をもっていることが多く，保護者に専門機関を紹介したり，学校側の窓口となったり，学校と関係機関などをつなぐ役割が求められる。

(4) 保健室からの発信

　「保健室だより」を通して，教師に向けては，保健室利用状況（疾病・けが別来室者，頻回来室者など），健康相談結果，子どもの生活時間や家庭での食事状況など心身の健康に関する情報提供を行う。家庭に向けては，子どもを支える睡眠や食事，保健衛生，健康問題への対応などについて，啓発活動を行う。

5 管理職が行う教育相談

　校長・教頭など学校管理職は，教育相談を学校運営の中に位置づけ，すべての教師が学習指導と生徒指導の両面において適切な指導と援助を行えるよう，支援する役割が期待される。主に次のようなものがある（生徒指導提要）。

(1) 教師個々への心理的サポートと指導助言

　教師の悩みや教育指導上の問題に指導・助言する。教育相談活動が組織的に展開されるよう，意欲的に取り組める職場環境づくりや教師同士のトラブル解決，子どもの実態や教育実践の成果を分析し，学校教育をめぐる新しい課題や動向を教師へ啓発することなどが求められる。

(2) 保護者への対応

　学校管理職として，保護者間の問題の調整，保護者と教師との問題の調整・解決などに対し，教育相談的な対応で調整や解決に当たる。

(3) 地域への啓発

　学校の代表者として，地域の関係者，医療機関や専門の相談機関と協力体制

第5章　校内体制と組織的な教育相談

を構築する。「学校だより」を発行し，地域住民に学校の教育方針や教育活動の状況を広報し，協力体制を形成・維持する。

6 教育相談の計画

　学校全体の教育相談活動が十分な成果を上げるためには，その計画が学校の教育計画全体の中に位置づけられていなければならない。教育相談に関する計画としては，全体計画，年間計画，さらに，それを受けた具体的な実施計画が柱となる。全体計画とは，教育相談の理念や自校の課題を踏まえて，その学校の教育相談の目標や重点事項，組織および運営，相談計画の骨子などが明示される。年間計画には，相談活動の実施計画をはじめ，相談室の整備と運営，子ども理解の手立て（心理検査の実施など），教育相談に関する教員研修，保護者や関係機関との連携などに関する事項が，学期・月ごとに整理されて示される。さらに，それぞれの事項がどのような方針のもとに，だれが，いつ，どのように行うかの細目を，分かりやすく構造化して示したものが実施計画である。

　ちなみに，各学校には，学校教育の目的や目標を達成するために，子どもの心身の発達に応じ，授業時数との関連において教育内容を総合的に組織した学校の教育計画である教育課程がある。カリキュラム・マネジメントとは，学習指導要領などに基づきどのような教育課程を編成し，どのようにそれを実施・評価し改善していくのかということである。学習指導要領の理念を実現する方法として示されたカリキュラム・マネジメントには，学校全体の教育相談活動も含まれるのである。カリキュラム・マネジメントとしてまず必要なのは，子どもの実態把握と，教育実践の的確な評価である。これらについて，全教職員で客観的な指標も用いて分析し，その結果に基づいて熟議し，社会に開かれた教育課程を実現していくことが期待されるのである。

　カリキュラム・マネジメントは，すべての教職員がPDCAサイクルのすべてに参加し，学校の特色をつくり上げていく営みである。PDCAサイクルとは，企業の事業活動における生産過程や品質維持の管理業務を円滑に進める手法の1つであり，Plan（計画）→ Do（実行）→ Check（評価）→ Act（改善）

の4段階を繰り返すことによって，業務を継続的に改善することをめざすものである。4段階は以下のような内容である。

---

(1) **Plan（計画）**：現状の実態の詳細な分析のもとで，将来の予測をし，事業計画（ビジョン）を作成。この時作成されるのが全体計画，年間計画，実施計画である。

(2) **Do（実行）**：計画に沿って事業計画を遂行。

(3) **Check（評価）**：計画—実行のプロセスが計画通りに展開されているか評価。

(4) **Act（改善）**：計画通りでない部分を検討し，計画や遂行の仕方を改善。

この4段階を順次行って1サイクル実行したら，最後の改善策が次の計画に活かされるようにつなげ，PDCAサイクルを継続的に実施することで，業務を改善していく（河村，2017）。

学校における教育相談は，活動をしたままで終わらないためにも，丁寧な評価が求められる。評価の基本的な観点としては，以下のようなものがあり，各学校の実情に応じて具体的な評価の観点を設定して共通理解を図っていくことが求められる（生徒指導提要，2010）。

● 学級担任・ホームルーム担任の行う教育相談の計画と学校全体についての教育相談部（係・委員会など）の計画とに整合性があるか。

● 事例研究会等の校内教員研修会の企画や運営が適切に行われ，学校の生徒指導上の課題解決に役立ったか。事例やテーマの設定についての希望調査及び実施後のアンケート等が行われたか。

● 相談にかかわる情報や資料を，児童生徒や保護者に適切に提供し，また，十分な広報活動が行われたか。諸情報の呈示や印刷物の配布等，情報の提供及び伝達の仕方が適切だったか。

● 相談室の施設・備品等の整備が図られ，児童生徒や保護者を対象とした個別の相談活動が適切に行われたか。相談の記録，保存等は適切か，また，相談の秘密は守られたか。

第5章　校内体制と組織的な教育相談

- ●校内の他の分掌組織との連携による児童生徒への成長を促すような指導・援助が適切に行われたか。例えば，学習面での教務部や学習指導部との連携，また，進路面での進路指導部との連携が十分に図られたか。
- ●校内連携だけでは対応がむずかしい教育相談ケースに対して，校外の専門家や専門機関との連携体制の構築が十分に図られたか。特に，学校・保護者・専門機関の連携に基づいて，児童生徒の指導と援助が適切に行われたか。
- ●その他，突発的で緊急を要する相談や危機対応に応じられる体制を整備できたか。

第3節　教育相談の面接方法

1 3種類の相談・面接

　子どもの課題性と課題への対応の種類（発達支持的生徒指導，課題予防的生徒指導，困難課題対応的生徒指導（第1章参照））を捉え，個別に対応する方法として，教師による相談や面接があげられる。これは直接顔を合わせて話すことによって子どもの困難や問題を把握する方法である。相談や面接には，年間スケジュールに時間や場面を組み込む定期相談と，子どもの要請によって行われる自主相談，教師の要請によって行われる呼び出し面接がある。

(1) **定期相談**

　学期末などに担任教師が学級の子ども全員と行う面談のことである。子どもの学校生活における適応を促し，意欲的に活動するために必要な指導・援助のアセスメントや集団全体ではできない個別の支援を行う際に用いられる。

(2) **自主相談**

　子どもが発達する途上でだれもがかかえる可能性がある問題として，学習，対人関係，進路・進学，心理・性格などがある。問題解決志向の高い子どもは特に自ら教師や相談機関を訪ね援助を求める。そのような要請に対応できるよ

第3節　教育相談の面接方法

うな体制としてスクールカウンセラー制度がある。

(3) 呼び出し面接

　特定の子どもに対して緊急に指導や援助をする必要があると判断した場合，その子どもを個別に呼び出し，対話を通して指導・援助を行うものである。

　上記3種の相談は面接の目的が異なる。定期相談や呼び出し面接では，子どもの問題やその背景を知ることを主な目的とする。具体的には，問題の把握，問題発生の経緯，問題解決のために今までとってきた方法，子どもの性格特徴や家庭環境などを必要に応じて聴く。面接から得た情報は観察法や調査法で得た情報と統合し，援助が必要だと判断された場合は援助計画を立てる。一方，自主相談の場合，子どもがかかえている困難や問題を解決するために行われるため，子どもの考え・気持ちを共感的に傾聴することが基本となる。忙しくとも短時間でもよいからじっくり子どもの話に耳を傾ける。何気ない会話に重要な事柄が隠れているという予測のもとに話を聴くことが重要である。また，言葉だけでなく，その背景にある感情を理解するように聴く。さらに視線や表情，姿勢や服装など非言語的表現にも注意を向ける。心理的に健康な子どもには，情報を提供したり，具体的なアドバイスをすることも必要になるため，個々の子どもの成長へのきっかけとなるようにかかわることが求められる。

2 具体的な対応のポイント

　学校生活の中では，子どもから自主的にやってくる自主来談よりも，教師が子どもを呼んで実施する定期相談や呼び出し面接の方が多い。なかでも呼び出し面接は教師側が何かしらの指導や援助が必要と判断した場合に行うので，呼び出されること＝罰と捉え，否定的な印象をもつ子どもも少なくない。心を閉ざしたり反発したりすることも多く，人間関係がこじれ，以後の指導がいっそう困難になる例もある。意味ある面接をするポイントは次の7点である。

(1) 日常の人間関係を大切にする

　問題発生前からの人間関係が面接に反映されるため，普段から信頼関係の構

築が重要である。信頼関係があれば問題の核心に早期にふれられる。子どもも「先生は自分のことを心配してくれている」と実感できれば、率直な思いを語るだろう。関係が良好でないと、呼び出されることに不安を感じ、何も語らず時間が過ぎるのを待つだけというように面接が功を奏さない場合もある。

⑵ 面接の理由を明確に告げる

面接の理由を「叱責される」「罰を与えられる」と認知する子どもがいる。「〜のことを心配しているんだ」とか「〜について君の思いを聴きたいんだけど」など、理由や目的は明確に告げることが必要である。さらに、これからの学校生活を落ち着かせたり、より充実させたりするために話し合うのだという前向きな気持ちになれるよう、安心感を与える声がけをする必要がある。

⑶ 時間や場所に配慮する

ほかの子どもや教師にさらされない場所を設定し、事前に何時から何時までと明確に伝える。時間が定まっていると、人はその中で話を組み立て言いたいことを伝えようとする。約束した時間は守るようにし、時間を延長するときには「もう〇分延長したいが、都合はどうかな？」などと尋ね、許可を得る。

⑷ 子どもの心情面に配慮する

どのような問題をかかえる子どもでも教師が呼び出した場合は、来てくれたことに対するねぎらいの言葉をかける。また、子どもが問題にかかわる内容を訴えて語る場合はカウンセリングの技法（第4章参照）を用いて、丁寧に聴くことが重要である。教師として反論や批判をしたい気持ちもあろうが、まずは子どもがそうならざる（言わざる）を得ない気持ちを推し測りながら聴く。

⑸ 援助のための面接であることを確認する

問題を早く解決しようと、教師の口調が詰問や説教のようになったり、一方的に納得させよう、約束させようとしたりすると逆効果になる。子どもが「先生は私の思いを分かってくれた」もしくは「分かろうとしてくれた」と実感できることが大切である。つまり、子どもの行動の是非が明確化され、その背景にある思いが共有され、言語化され確認されるプロセスを通じて、子どもの成長を促し、かつ信頼関係が再形成できるような面接になるとよい。

(6) 自己解決を促す

　問題に関して子どもが自主的に考え，自己解決に向かえる言葉かけをする。「君自身はどうしたいと考えているの？」などである。自分のあり方について具体的な方向性を見出し，方策が見えてくるとその後の生活意欲につながる。

(7) 自分自身の感情を意識する

　教師が感情的になっていては，面接は教師の感情処理が目的になってしまう。当該の子どもや問題行動にどのような感情をもっているのか，それはどういう価値観や枠組みから起こるものであるか，内省し，意識化して面接に臨むことである。面接では子どものよくがんばっている点，成長が見られた点など，肯定的に評価できる側面の情報を用意し，「先生は自分の味方になってくれる」と感じられるようなかかわりをすることがポイントである。

3 その他の面接

(1) 訪問面接

　主として，不登校の子どもなどに対して，子どもの家庭に訪問し，援助を行っていく面談のことである。教師と子どもとの信頼関係をつくり，個々の子どもへの対応を実態に合わせて行う際に用いられる。

(2) チャンス面接

　子どもの問題性を代表するような言動場面が見られたときに，機を逃さず話し合う場，子どもの考えや気持ちを傾聴する場を設けることである。起こした（問題）行動やその責任の取り方を子どもが学んでいくこと，問題場面の解決をねらいとする。加えて問題行動の背景にあるものを理解しながら子どもがよりよく成長していけるように支援する。

(3) 依頼面接

　問題をかかえる子ども，または保護者を他者から紹介されて引き受ける面接のことである。子ども・保護者に精神疾患や発達障害などの疑いがある場合，法律上の問題がある場合などである。依頼した者・子ども・保護者の期待を明確にして，専門的支援や関係調整などを適切に行っていく必要がある。

第5章　校内体制と組織的な教育相談

上記以外にも，子どもとの小さなかかわりの場面，例えば休み時間，清掃時間，給食時間，廊下，職員室，部活動指導場面，学校行事場面，登下校時など，あらゆる場面を捉えて教育相談を展開していくことが教師には求められる。

第4節　学校組織の問題点：小学校

小学校の教育相談における学校組織の問題点は，学級担任がほとんどの業務を一人で担っていることである。変化している子どもや学級集団に対して，既存のシステムや教員組織で対応している場合は，ミスマッチが生じよりよい成果が得られていない。また，校内にそれぞれの教員組織が単独で存在し，有機的な連携が図られていない場合も少なくない。それぞれ見ていく。

1 学級担任を支えるシステムが確立していない

小学校は学級担任制であり，担任教師は一日の大半を子どもと共に過ごしている。子どもの学力と適応を高めるために，担任教師は子どもの理解を深め，さまざまな形で教育相談を行っている。しかし，社会や家庭環境の変化が激しく，その中で生活する子どもの内面を理解することがむずかしくなってきている。子どもの理解は，担任教師の日々の見取り（観察法）と教育相談（面接法）によって行われているが，これに調査法を加える学校が増えている。

具体的なツールは，学級集団アセスメント「Q-U」である。Q-U を使った実践は組織的に取り組むことでより高い効果を期待できるのだが，個々の担任教師にすべての方策が任されているケースが少なくない。

2 教育相談を進める教員組織の有機的な連携が図られていない

小学校においては，生徒指導部が教育相談の年間計画を提案し，学級担任が実施することが多いため，教育相談部が組織されていない学校が少なくない。いじめや不登校などの不適応問題については，管理職を含めた各対策会議で検

討される。対策会議を学校体制で進めている学校とそうでない学校では，成果に大きな差が生じている。

近年は，特別支援教育の実践が充実してきている。特別支援教育については，校内コーディネーターが位置づけられ，校内委員会や就学相談などにおいて，担任教師との連携が進みつつある。しかし，特別支援教育部と生徒指導部の有機的な連携が十分図られていない場合，一人の子どもがそれぞれの部会でつながりなく取り上げられ，統合的な支援にならないことが少なくない。

ここまで見てきた問題点を解決するため，システムを先に考案し，それを動かす組織を構築した例を示す（図 5-1）。

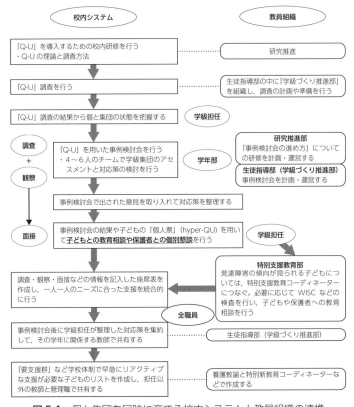

図 5-1 個と集団を同時に育てる校内システムと教員組織の連携

第5章　校内体制と組織的な教育相談

第5節　学校組織の問題点：中学校

1 学年対応と全校対応が混在

　中学校では，学校教育目標を達成するため，校務分掌を大きく3部門で構成し，主に学習にかかわることは教務部，生活にかかわることは生徒指導部，施設・渉外にかかわることは管理部と，それぞれの分掌で役割を明確にして対応している学校が多い。

　また，多くの中学校では，教育相談は生徒指導部の中に位置づけて，年間指導計画に基づいて運営する組織体制をとっている。

　このような組織体制のもとで，不登校や対人関係のつまずきなどの教育相談にかかわる実際の対応は，より子どもに近い組織である学年団を中心に行われていることが多く見受けられる。そのような状況から，学校の中には学年としての対応と学校としての対応が混在しているとともに，なかには行き過ぎた学年中心主義が学校全体での共通の対応を困難にしている実態がある。

　したがって，学校全体での具体的な対応方針の共通理解と学年団を中心に実務的に進める対応を全校体制として組織化していく必要がある。

2 地域・子どもへのアセスメントと対応が不足

　学校によって，子どもの非社会的問題は教育相談担当の教師が担当し，反社会的行動は生徒指導担当の教師が担当している実態がある。これは困難課題対応的生徒指導・3次的援助のみを重視した体制であり，教育相談の機能を十分に果たしているとは言いがたい。子どもの実態をアセスメントして，1次，2次，3次の援助レベルの把握をし，必要とされる各レベルの援助が確実に展開でき，有機的に連携できる組織体制を構築することが求められている。

　また，地域の課題をアセスメントするとともに，自校の課題は，いじめなのか，不登校なのか，それとも非行問題なのか，何が課題なのかをアセスメント

し，全職員での共通理解のもとで教育相談を推進することが必要である。

3 外部からの支援者との連携の質の向上が課題

　近年の中学生のかかえる問題は，不登校やいじめ問題のほか，教育課題や発達課題などが複雑に絡み合い，スクールカウンセラーや教育支援員などとの連携が不可欠になっている。実際に，スクールカウンセラーや教育支援員は，子どもや保護者の相談はもとより，教職員へのコンサルテーション，校内会議への参加，子どもおよび教職員への研修会や講話など，専門性を活かして多様な役割を担っている。

　しかし，そのようなスクールカウンセラーなど外部からの支援者と連携する方法を模索している状況にある学校も多い。一般に教育相談の実施方法などは担当者に任せられていて，担当者が知識豊富な場合には連携が効果的に行われることが多いが，担当者の力量が不足している場合にはスクールカウンセラーなどの十分な活用が図られていない実態があり，外部からの支援者との連携の質の向上が大きな課題になっている。

4 SOSを出せる子ども・保護者があまりにも少ない

　Q-Uの結果などから，学校には不適応感を感じている子どもが相当数いることが報告されているが，実際に教師に支援を求めようとする子ども・保護者があまりにも少ないと思われる。すなわち，教育相談を必要としている子ども・保護者はたくさんいるにもかかわらず，実際に相談している人がきわめて少ないのが実態である。

　理由として，心のパワーが不足している子どもにとって，学校は学習や友達関係でつまずき，傷ついた結果，不安や困難でいっぱいのところと受け止められたり，保護者にとって学校は子どもに問題があったら呼び出されて，子どもの生活態度や学業について親が責められるところと受け止められたりしているのではないとか推察される。

　これからの中学校現場では，このような学校への不安感，不信感をしっかり

受け止め，子どもや保護者が「相談してみよう」と心を動かすような校内体制
づくりが必要である。

第6節 学校組織の問題点：高等学校

1 高等学校における組織づくりの問題

⑴ 高等学校の組織づくりのむずかしさ

現在，高等学校への進学率は98%を超えており，それに伴い能力・適性，
進路など，きわめて多様な子どもが入学している。このような実態に対応し，
子どもの個性を最大限に伸ばすため，普通科，専門学科および総合学科以外に
も単位制高校や中高一貫校などさまざまなタイプの学校が存在し，それぞれが
特色ある組織づくりを行っている。そのため一口に高等学校と言っても，大学
進学を重視する学校もあれば，就職などに必要な専門教育を重視する学校，義
務教育段階での学習内容の確実な定着を重視する学校など，めざす教育目標は
学校によってさまざまである。

また，学校ごとに規模や教師の年齢構成，流動性にも大きな違いがあるため，
生じる問題も千差万別である。一例を挙げると，職員数が多い学校で，教科ご
とに職員室が分かれていてすべての教師が入れる大職員室がなく，他教科の教
師と情報交換する場が少ないという問題が生じる，などである。

そのため，それぞれの高等学校の状況に応じた教員組織づくりが必要となっ
てくる。具体的には，現在の学校がかかえる課題を明確にし，管理職のリーダ
ーシップのもとで中心となる組織やそれぞれの教師の役割を全職員が理解した
上で課題などに取り組める組織づくりが必要となる。

⑵ 教師個人がかかえるむずかしさ

高等学校の場合，一人の教師がクラス担任や教科担当，生徒指導部などの校
務分掌の一員，部活動の顧問など複数の役割を担うことが多い。このように一

人の教師が多くの役割を担うことで，多くの子どもに対して，多面的・専門的にかかわれるというメリットがある。しかし，異なる役割を担うことで会議や書類づくりなどの仕事が増えて多忙となったり，子どもに対してそれぞれの場面でどの役割を担うべきなのかジレンマをかかえたりするなど，デメリットも生じる。また，専門性が高く，仕事が分業されることも多いため，問題をかかえた子どもを一部の教師や専門家に任せてしまい，その後の協働的な活動がうまくいかないということもある。

2 建設的な教員組織づくりのために

　教師の仕事の特性として(1)組織目標（教育目標）の曖昧さ・多義性，(2)教育活動を効果的に遂行しうる技術の多様性・不確実性，(3)教育活動の流動性・非構造性，(4)教育の対象者である子どもの多様性が挙げられるため，タイトな組織構造は不適合であるとされている（佐古，2006）。

　そのため教師の組織づくりは企業の組織づくりとは異なり，教師個人の自律性を尊重する「自主・向上性」の確立とともに，教師全体で足並みをそろえてやっていく「同僚・協働性」の確立という相反するベクトルを持つ両者を両立させる取り組みが求められる（河村，2017）。河村は，この「自主・向上性」と「同僚・協働性」をもとに教員組織を3段階7つのタイプに分類し，教師の発達段階を意識した組織づくりの流れについて指摘している。

　教育現場における課題が複雑化・多様化している現在，「チームとしての学校」が求められ，それを実現するために「専門性に基づくチーム体制の構築」「学校マネジメント機能の強化」「教職員一人一人が力を発揮できる環境の整備」が指摘されている（中央教育審議会，2015）。しかし，その基盤となるのが教員組織における「自主・向上性」と「同僚・協働性」の確立であり，建設的な教員組織づくりのためにその両者をいかにして高め，両立していくかが求められているといえよう。

第6章

学級集団づくりと教育相談

第1節　教育実践を支える教育相談

　第5章では，子どもが好ましい人間関係を形成し，学校や学級集団に適応し，授業や学級活動に主体的にコミットし，豊かな人格形成をしていくという教育目標を達成していくためには，(1)一定レベルの心のパワーの保持，(2)一定レベルの社会性の保持が必要であることを説明した。

　すべての教師が(1)と(2)の育成を視野に入れた対応（開発的カウンセリング・1次的援助）が子どもへのかかわりの基盤であると意識し，実践していくことが求められる。対人関係能力・社会的能力・学習能力・情緒的豊かさなど，子どもの心の基礎的な部分を，学校教育全体を通して向上させていくのである。

　日本の学校は学級集団で年間を通して協働活動を行うことが特徴であり，学級集団での生活・活動そのものがグループアプローチの土壌になっている。所属する子ども個々の情緒の安定と心理社会的な発達を促進していくことは，教育相談の1つの側面である。本章ではあらゆる教育実践の基盤となる学級集団について，教育相談の視点から説明する。

第1節　教育実践を支える教育相談

1 グループアプローチと学級集団

　教師がカウンセリングマインドで子どもに対応していくことは，子どもの人格形成にプラスに寄与すると考えられる。同様に，子ども同士がカウンセリングマインドで建設的に交流しあうことができれば，効果は格段に向上することが期待できる。そうした効果を意図した活動がグループアプローチである。

　グループアプローチとは，「個人の心理的治療・教育・成長，個人間のコミュニケーションと対人関係の発展と改善，および組織の開発と変革などを目的として，小集団の機能・過程・ダイナミックス・特性を用いる各種技法の総称」（野島，1999）である。

　メンバーや目的によって，一般的な社会生活への復帰をめざして実施される病院での治療的側面の強いグループアプローチもあれば，刑務所や少年院などの矯正的側面の強いグループアプローチもある。

　教育関係では，参加するメンバーの人格形成の促進が目的になることが多い。この場合，日常生活を送っている人々が，生活の中でより自己実現をめざせるようになることが目的となる。メンバーの教育・成長をめざして，グループでの生活体験が体験学習として活かされるようにプログラムされている。

　グループアプローチは集団の機能や特性を積極的に活用する。集団の機能や特性とは，同じ集団に所属する者同士が協同して行う活動や，日々の集団生活の中で発生する人間関係の相互作用である。日本の場合，学級集団が体験学習の場として設定されることが多い。したがってグループアプローチが有効に作用するには学級集団の中に体験学習が生きる土壌が必要になってくる。つまり，学級集団での生活そのものが子どもにとって体験学習となるような，集団としての望ましい状態や機能が必要なのである。

　学級集団の状態が悪いと，グループアプローチとしてプラスの効果がないばかりか，逆に子どもの対人関係が防衛的になり，個人の適応やその後の発達にマイナスの影響を与えかねない。同様に，子どもが学級での活動を通して集団体験・グループアプローチの効果を得られないとしたら，学級集団は単に知

第6章　学級集団づくりと教育相談

識・技能を習得する場でしかなくなってしまう。

　したがって，日本の学級集団制度では，どのようにグループアプローチのエッセンスを盛り込み，子どもたちに良質な集団体験を提供できるかが，学級経営や心の教育を進める上で重要になる。学校教育全体の効果を高める上でも，所属する子どもの間に，親和的・建設的な相互作用が成立しているかどうか，という学級集団の状態がとても重要になるのである。

2 グループアプローチの効果

　グループアプローチの参加メンバーが得られる効果として，野島（1999）は〈個人アプローチとグループアプローチに共通に見られる効果〉と〈グループアプローチに特有に認められる効果〉に整理し，次の15点を指摘している。

〈個人アプローチとグループアプローチに共通に見られる効果〉

(1) **受容**：他者にあたたかく受け入れられることで自信や安定感が生まれる。

(2) **支持**：他者からのいたわりや励ましによって，自我が支えられ強められる。

(3) **感情転移**：他者に対し，その人にとって重要な人との関係が再現される。

(4) **知性化**：知的に理解したり，解釈をしたりして不安を減少させる。

(5) **カタルシス**：抑えていた情動を表出することで緊張解消が起こる。

(6) **自己理解**：自分自身の自己概念・行動・動機などについて，理解が深まる。

(7) **ガイダンス**：他者からその人に役立つ助言や情報が得られる。

〈グループアプローチに特有に認められる効果〉

(8) **愛他性**：自己中心的傾向を抑えて他者をあたたかく慰めたり助言したりすることで他者を助けることができる喜びを感じ，安定感・生活意欲が高まる。

(9) **観察効果**：他者の言動から自分のことを振り返ったり見習ったりする。

(10) **普遍化**：他者も自分と同じような問題や悩みをもっているということを知り，自分だけが特異でないことを自覚し，気が楽になる。

(11) **現実吟味**：家族関係，人間関係の問題をグループの中で再現し，その解決法

84

第1節　教育実践を支える教育相談

を試行錯誤しつつ学ぶことで自信をもち，適応能力が高まる。

⑿ **希望**：他者の成長や変化を見ることで将来に向け希望がもてるようになる。

⒀ **対人関係学習**：話したり聞いたりすることで自己表現能力や感受性が高まる。

⒁ **相互作用**：グループ担当者とメンバー，メンバー同士でお互いに作用し合う。

⒂ **グループ凝集性**：グループとしてのまとまりが相互の援助能力を高める。

　河村（2010）は上記のような教育効果が高まっている学級集団を「満足型学級集団」と名づけた。その特徴は，子どもが仲よくまとまり，かつ学級全体で基本的生活習慣にそった行動や学級内の規律の遵守ができており，ほとんどの子どもが個人や学級集団の目標に向かって意欲的・協調的に活動し，成果を上げている，という状態である。

　このような学級は外部から見ると，学力テストの学級平均値の高さや，行事における学級発表時の高いパフォーマンス，不適応の子どもの少なさ（不登校の出現率の低さ）などの指標で認識される。

3 学級経営での留意点

　グループアプローチは，集団生活の中で発生する人間関係の相互作用を重視する。しかし，なかには精神的な問題をかかえ，ほかの子どもたちと能動的に交流できない状態の子どももいる。そういう子どもに集団体験を強制すると，深く傷ついてしまうことがある。したがって，教師がグループアプローチの展開を考えるときには，子どもの心理状態を把握しておくことが不可欠である。

　また，学級集団にグループアプローチの手法を活用する方法としては，次の2通りがある。目的に照らして，適切な方法を選択することが必要である。

⑴ 特定のプログラムを道徳や学級活動の時間を用いて一通り実施する

⑵ 特定のプログラムの展開の仕方・エッセンスを，授業や集団活動の展開に一部分活用して実施する

　つまり，グループアプローチを展開する前には，学級の子ども相互の関係性，

第6章　学級集団づくりと教育相談

学級集団の状態のアセスメントが不可欠である。それがなければ，どのような
プログラム（方法）をどのようなねらい（目的）で実施するのか定まらないか
らである。学級の子どもの仲がいまひとつだから，学級集団に活気がないから
と，ただ何となく知っているプログラムを実施したのでは，適切な効果が得ら
れない。それどころか子どもを傷つけてしまうこともあり，教育者としての倫
理も問われることになる。

　次節では，学校現場で活用されるグループアプローチの手法を紹介する。

第2節　教育相談に活かすグループアプローチ

　学校現場で主に活用されているグループアプローチの手法として，構成的グ
ループエンカウンター，ソーシャルスキル・トレーニング，アサーション・ト
レーニングを紹介する。

1　構成的グループエンカウンター

　人はカウンセリングマインド（第3章参照）で接してもらえると，無条件に
大切にされていると感じ，相手に対して安心感・信頼感をもち，自己開示でき
るようになる。自己開示により真の自分の問題に気づき，それを自己受容でき，
新たな生き方を自己選択していく中で，自主性・自己肯定感が高まるのである。

　エンカウンターはグループのメンバーたちが「あるがままの自己」を開示で
きることを目的にする。これがメンバー同士やメンバーとリーダー間のリレー
ション（ふれあい：本音と本音の交流）を形成するからである。この流れをス
ムーズに展開するために，グループ状況でのエンカウンターが「構成」されて
いるのが，構成的グループエンカウンター（Structured Group Encounter：
SGE）である。構成とはエクササイズを使用したり，そのためのグループ・
サイズや時間を指定したりするなど場面設定（条件設定）をすることである。

　構成的グループエンカウンターは，ふれあいと自他発見（自他の固有性・独

第2節　教育相談に活かすグループアプローチ

自性・かけがえのなさの発見）を目標とし，個人の行動変容を目的としているのである（國分，1981，1992）。

構成的グループエンカウンターの展開は，主に次のような流れで実施される。

---

(1) **インストラクション**：エクササイズのねらいや内容，留意点や取り組む方法を，リーダーが簡潔に具体的に説明することである。

(2) **ウォーミングアップ**：エクササイズの意味づけやレディネス（準備ができている状態）を整えることであり，メンバーの緊張緩和もねらいの一つである。

(3) **エクササイズ**：メンバーの心理面の発達を促進する，リレーションの形成の向上を意図して作られた課題のことである。エクササイズの種類は，「自己理解」「他者理解」「自己受容」「自己表現・自己主張」「感受性の促進」「信頼体験」の6つを目標とするものである。

(4) **シェアリング**：直前の集団体験を通して得た感情や思いを，他者と分かち合うことを通して，自分の中で意識化して確認することである。

構成的グループエンカウンターは，教育関係者に注目され応用されて取り組まれている。定型化されたエクササイズやプログラム，展開の仕方があり，グループアプローチに熟知していない教師にも活用しやすいのである。

2 ソーシャルスキル・トレーニング

現代は，対人関係が苦手な子どもが多いといわれている。ただし，対人関係がうまくいかないのは，その人がだめなのではない。社会や集団に参加し，協同生活・活動するための知識と技術をソーシャルスキル（social skills）という。ソーシャルスキルは学習によって獲得するものであり，対人関係がうまくいかないのはソーシャルスキルが未熟だからである。つまり，現代の子どもはソーシャルスキルの学習不足といえる。したがって，開発的カウンセリング・1次的援助として，計画的にソーシャルスキル・トレーニングを体験させることが期待される。次の4つのプロセスで展開していく。

第6章　学級集団づくりと教育相談

- **教示**：学習すべきソーシャルスキルを特定した上で，ソーシャルスキルとそれを訓練する意義を理解させる。やってみたくなるように説明する。
- **モデリング**：よいモデルや悪いモデルを見せて，ソーシャルスキルの意味や具体的な展開の仕方を理解させる。いいモデルを真似させてみる。
- **ロールプレイ**：特定のソーシャルスキルについて，仮想場面を設定して，言い方や態度を練習することである。楽しく活動できるように展開する。
- **強化**：練習中に適切な行動ができた場合など，ほめたり，微笑んだり，注目したりして，その行動をとる意欲を高める。

⑴ **学級生活で必要とされるソーシャルスキル（CSS：Classroom Social Skills）**

　河村ら（2007a・b・c, 2008）は，親和的で建設的にまとまった学級で子どもが活用しているソーシャルスキル，学校・学級生活を満足度が高く意欲的に送っている子どもが活用しているソーシャルスキルの共通点を整理し，「学級生活で必要とされるソーシャルスキル（CSS）」として体系化した。

　子ども一人一人にCSSを身につけさせることが，子ども同士の対人関係，学級集団をスムーズに形成し，集団活動を活発に展開していく早道となる。

　CSSは以下の2つの領域のソーシャルスキルから成り立っている。

- **配慮のスキル**

「何か失敗したときにごめんなさいと言う」「友達が話しているときは，話を最後まで聞く」など，対人関係における相手への気づかい，最低限のマナーやルール，トラブル発生時のセルフコントロールや自省の姿勢，など

- **かかわりのスキル**

「みんなと同じくらい話をする」「係りの仕事は最後までやりとげる」など，人とかかわるきっかけづくり，対人関係の維持，感情交流の形成，集団活動にかかわる姿勢，など

　学校・学級生活を満足度が高く意欲的に送っている子どもは，2つの領域のソーシャルスキルを高いレベルで，バランスよく活用している。

第 2 節　教育相談に活かすグループアプローチ

3 アサーション・トレーニング

　アサーションとは，自他尊重の自己表現であり，自分の考え・欲求・感情などを率直に，その場に合った適切な方法で述べることである（平木，2008）。
　自己表現は 3 つのタイプに分類される。

　⑴ **攻撃的自己表現（aggressive）**：自分は大切にするが，相手を大切にしない

　⑵ **非主張的自己表現（non-assertive）**：相手を大切にするが，自分を大切にしない

　⑶ **主張的自己表現（assertive）**：自分も相手も大切にする

　アサーションのトレーニングは，⑶の自己表現を時・場所・場合に応じて適切に行うための訓練である。代表的な方法として DESC（デスク）法がある。

　D（**describe**）：描写——現状や相手の行動を客観的に描写する

　E（**express, explain, empathize**）：表現，説明，共感——描写した事実への，自身の主観的な気持ちを表現，または説明をする

　S（**specify**）：提案——状況改善への具体的・現実的な解決策・妥協案の提案

　C（**choose**）：選択——相手が要望を受け入れた場合とそうではない場合の双方に対して，自身の次に起こす行動を考えて選択する

　DESC 法の例として，協同学習で私語をする級友に注意してトラブルになった状況で説明する。

「うるさいよ」

「うるさくて，文献の整理ができないよ」

「今は個人作業をやる時間だろ，ちゃんとやれよ」

ここで相互に相手をののしり，仲互いとなった。

　以上の流れを，DESC 法で表現してみると次のようになる。

第6章　学級集団づくりと教育相談

> D──「声が教室に広がっているよ」
> E──「私は声が気になって，個人作業に集中することができません」
> S──「話をするのは，後の検討会のときにしてもらえないかな？」
> 　そのことに了承してくれた。
> C──「ありがとう，個人作業に集中できるので助かるよ」

　以上のような展開の仕方を，日常生活において人間関係でトラブルになりやすい場面を取り上げ，体験的に練習するのである。

第3節　学校でのグループアプローチ活用の実際

　以下に，第2節で挙げた3つのグループアプローチの展開例を示すとともに，それぞれの活動についての解説を行う。

1 構成的グループエンカウンター（SGE）

　高校入学時に丸一日かけて実施した展開例である。高校の教育相談では中途退学の予防は重要で，早期に集団や級友への安心感が得られる効果がある。

教師および子どもの活動（教：教師　子：子ども）	留意点	解説
〈インストラクション〉 教：「高校生活がいよいよ始まります。いろいろ不安があると思いますが，不安を解消してくれるのは友達です。今日は名前を呼び合える友達を最低3人つくりましょう。また，対人関係を良好にするためのコツを教えますので，それを実践してみましょう。きっと，これからの高校生活に役立つと思いますよ。」	実施の意味，抵抗の除去，活動時のルールの確認を行い，緊張感のある中で参加させる。	不安を取り除くインストラクションを行い，活動への意欲をもたせる。
〈ウォーミングアップ〉 教：「まずは，違う中学校から来た人と知り合いになりましょう。私がこれからいくつかのゲームを指示しますので，思い切って知らない人とかかわってみましょう。お互いに知らない者同士ですから，最初が	抵抗感が少ない，まずは会話のないもの，その後2人組，4人組と少数でで	抵抗感を除去するための，取り組みやすいウォーミングアップが大切。

第3節　学校でのグループアプローチ活用の実際

肝心ですよ。」 子：リレーションづくりの「名刺交換ゲーム」「質問じゃんけん」「他己紹介」を行った後，4人組でシェアリングを行う。	きるウォーミングアップとする。	
〈エクササイズ〉 教：「まずは男子同士，女子同士のグループでの活動をします。似たような考えや似たような行動をする人を見つけるゲームをします。」 子：最初の基礎グループをつくるための「バースデイライン」「ビンゴゲーム」「4つの窓」「質問じゃんけん」「他己紹介」などを行う。「4つの窓」で4人組を確定し，「他己紹介」後，4人でシェアリングを行い，トイレ休憩。 教：「お互いに名前を覚えられる4人組ができましたね。さらにお互いを知りあうために，ゲームを続けます。」 子：「二者択一」「さいころトーク」を行った後休憩とする。 教：「4人組でかなり知り合ったところで，今度はこの4人組で男女の8人グループをつくります。今度は名前を呼べる異性もできるようなゲームをします。」 子：「似たとこさがし」「新聞紙の使い方」「さいころトーク」を行う。その後，「四面鏡」を行い，お互いの長所の認め合いを行う。「さいころトーク」の話題は子どもの実態に応じて同じものとするか違うものとするかを決める。	グループ活動が活性化するように，教師が巡回をし，話が弾んでいないグループに支援を行う。また，8人グループがすぐできない場合には，教師がグループを組ませるお膳立てをする。	ルールおよび行うことを明確にすることで，自己表現が簡単にできるようにし，互いの長所が見えるようにする。
〈シェアリング〉 教：「朝から1日かけて，ゲームを中心としたグループ活動をしてきました。目標とする名前を呼べる人3人はできたでしょうか。また，ほかの人と積極的にかかわることはできたでしょうか。最後の活動は，今日一日の活動を振り返って，心に感じたことやこれからの自分の目標などをグループの中で話してみましょう。たくさんの活動をしたので，まずはワークシートに自分の考えをまとめてみましょう。その後，8人組で自分の思いを発表します。」 子：シェアリングをするためのワークシートに自分の思いをまとめ，その後，最後に活動をした8人組の中で，記載したことやさらに思ったことを発表し合う。	自分の考えを整理するために，まずは文字化し，その後言語化させる。話すことが苦手な子どもの場合には，ワークシートを読むことでもよしとする。	自分の考えを言語化することで，感情の認知化を図る。

91

第6章　学級集団づくりと教育相談

2 ソーシャルスキル・トレーニング（SST：Social Skill Training）

　以下の展開案は，小学校低学年の夏休み明けに道徳の時間に行ったSSTである。

　小学校低学年のうちに必ず身につけさせたいソーシャルスキルとして，「みんなと同じくらい話をする」と「友達が話しているときは，その話を最後まで聞く」という2つのコミュニケーションスキルが挙げられる。

　学級の状況になれてくると発言力のヒエラルキーが出てくるが，それをルールで縛るのではなく，聞くソーシャルスキルを意識させることで，誰もが発言しやすい学級づくりを行った例である。

教師および子どもの活動（教：教師　子：子ども）	留意点	解説
〈インストラクション〉 教：「1学期は，クラスの中で，友達に聞こえる声でお話をしたり，友達のお話をその人の方を向いて聞いたりすることをがんばってきました。2学期になったので，さらに上手な聞き方についてみんなに教えます。今日は，その上手な聞き方の練習をしてみましょう。」	1学期の具体的によくできていた話し方や聞き方を想起させ，よいモデルのイメージをもたせる。また，それにより練習をしたいと思わせる。	「教示」をする前の意欲づけの意味がある。
〈教示〉 教：「上手な聞き方は3つのコツがあります。1つめは『うなずきながら聞く』ことです。聞いている人が『うん，うん』と聞いてくれるとうれしくなりますよね。2つめは『あいづちをうつ』ことです。あいづちというのは，『なるほど』とか『そうなんだ』って話のじゃまにならない小さな声でつぶやくことです。3つめは『質問をする』ことです。話を最後まで聞いた後に，もっと知りたいことを聞いてくれるとうれしくなりますよね。」	「うなずく」「あいづちをうつ」の2つは，言葉としてもむずかしいので，3つのコツを板書しながら示していく。また，教示の段階ではあるが，教師がモデルを示していく。	小学校低学年の場合には，教示の中に教師のモデリングが入ることで，イメージをもたせることができる。
〈モデリング〉 教：「それでは，先生が上手な聞き方をしてみるので，○○ちゃん，夏休みに楽しかったことを先生にお話してみてください。」	あいづちをうつことは，むずかしいソーシャルスキルなので，	低学年は，教師の言動がモデリングの対象になることが多い。

92

第3節　学校でのグループアプローチ活用の実際

教&子：子どものお話に対して，教師がうなずいたり，あいづちをうったりしながら聞く。そして，お話の後に質問をする。	「へぇ〜」とか「えー」といった感嘆詞をモデルにするとよい。ただし，プラスのあいづちになるように教師が示してあげる。	
〈ロールプレイ〉 教：「それでは，お隣の人と，今先生と○○ちゃんがやったように，夏休みの楽しかったことについて，お話を上手に聞く練習をしてみましょう。じゃんけんで勝った人が最初に聞く人にしましょう。」 子：お互いに向きあった状態で，上手な聞き方の練習をする。 教：「先生が今見ていたら，▲▲ちゃんが，とても上手でした。もう一度みんなの前でやってもらってもよいかな。」 子：モデルとして選ばれた子どもがモデルを示す。 教：「今度は聞く人を交替しますので，▲▲ちゃんをまねして上手に聞いてみましょう。」	しっかり向かい合せて，取り組ませる。また，上手にお話ができない子どもが予想される場合には，そばに行き援助をしながらお話をさせる。子どものモデルが示すことが可能な場合には，子どものモデルを示す。	ロールプレイではあるが，取り組むスキルがむずかしい場合には，身近な友達のモデルを再度示すことで，イメージをもたせることができる。
〈強化〉 教：「上手な聞き方をおうちでもやってみましょう。おうちの人がどんな顔をするか見てみるとおもしろいと思いますよ。」	宿題としてチェック表なども配付し，行動の強化をする。	身近な人に評価されることで強化が図られる。

第6章　学級集団づくりと教育相談

3 アサーション・トレーニング

　以下の展開案は，中学校の学級開きの中で行ったアサーション・トレーニングである。

　中学校において自治的な学級状態になることは，大きな教育力をもつことを意味する。自治的な学級状態になるためには，互いに牽制するとか，攻撃的になったり引っ込み思案になったりする状況にしてはいけない。

　そこで，互いの考えをアサーティブに伝え合う必要が生まれる。アサーション・トレーニングを学級の人間関係が固まってしまう前に行うことには大きな意味がある。

教師および子どもの活動（教：教師　子：子ども）	留意点	解説
〈インストラクションと描写〉 教：「みなさんは意見が対立して困ったことはありませんか？　相手が友達でも家族でもよいので，どんな対立で，どんな結果となったのかを，ワークシートにまとめた後，お隣同士で話をしてみましょう。」 子：ワークシートに記入後，隣同士で話をする。 教：「意見の対立によいイメージをもっている人は少ないようですね。でも実は，意見の対立は，よいアイディアを出すためのきっかけになっていることが多いのです。このクラスでも，これから意見の対立があることと思います。そういう時に，クラスがよくなるよいきっかけになると先生は思っています。そこで今日は，意見が対立したときにどのような行動をとることが望ましいのかの練習をすることにします。」	すぐに具体例が浮かばないことが考えられることから，ワークシートを使って，経験を伝えやすくする。また，新学期のインストラクションとして，対立することは悪ではなく，よいクラスをつくるために必要なことであることを印象づける。	ワークシートに具体的にまとめることで，話すだけよりは，さらに具体的な「描写」が可能となる。
〈表現・説明・共感〉 教：「今日は，これまでの先生が受けもった学級で起きた対立について，みなさんでどうすればよいのかの練習をしてもらいます。内容は，合唱コンクールの自由曲を何にするかを話し合ったときに対立した話題です。一方の意見は『有名歌手のヒット曲を自分たちでアレンジしたい』というもので，もう一方は『すでに楽譜のあるこれまで入賞を多くしている曲	今後の学校生活で発生するような身近な話題かつ教師が経験した話題にすることで共感を得やすくする。また，4人組にす	子どもにとって身近であり，発生しそうな話題にすることで，表現や説明をしやすくし，かつ状況がイメージできることで共

94

にしたい』というものです。まずは，自分だったらこちらを選ぶという方の意見の理由と根拠を考えてみましょう。」 子：ワークシートに理由や根拠を記載。同じ考えをもつ4人組で意見をまとめる。まとめたものを大きく紙に記載し，黒板に貼る。	ることで，話しやすい人数かつ互いの共感も顔を見ながらできるようなグループ構成とする。	感もしやすくなる。
〈提案〉 教：「2つの意見の理由と根拠が黒板にまとまりました。これを見て，この2つの意見に共通する目的を考えてみましょう。」 子：4人組で共通する目的について話し合い，まとめる。 教：「みなさんから出された目的から，考えられる新しい案を考えてみましょう。今日は練習なので，どちらかの立場に偏らず，案を考えてみましょう。」 子：4人組で新しい案をまとめ，紙に大きく記載する。	それぞれのグループがまとめたものを，すべて見える化することで，どの考えも大切にしていることのメッセージとする。	共通の目的を考えさせることで，提案をしやすくしている。
〈選択〉 教：「グループごとの新しい案が黒板に示されました。先生は，どの案もすごいなぁと思いました。でも，すべてを実施することはできません。この中で，どれが目的に一番合っているかを，自分たちのグループの考えにこだわらずに再度選んでみましょう。すばらしいなぁと思えたものに自分の考えを変えられる人が多いと，クラスはどんどん成長していくと思いますよ。グループごとに1番から3番まで決めてみてください。」 子：よいと思う案の順位をつける話し合いを行う。 教：「それでは，グループごとに話し合った順位をもとに，1番よいと思われる案を決めてみます。1位の案は3点，2位の案は2点，3位の案を1点にして合計してみます。」→1位が決まる。「みなさんの話し合いで，この案が1番となりました。この案を見ると意見が対立したことで，さらによいアイディアになったと思いませんか？　対立は，お互いの意見を大切にしながら，さらによりよいアイディアを出し合うということにつながるのです。」	対立した意見があるときに，自分の意見だけを押し通すのではなく，または自分の意見を簡単にとり下げるのではなく，お互いの妥協点を見つけることが最終的によりよい意見になるということを伝えるようにする。	話し合った後には最終的には選択をすることが大切であることも伝えていく。

column
1

レクリエーションの教育相談としての効果

　小・中・高等学校の子どもが学校生活の中で楽しみにしていることの1つに，学級活動の一環で行う「お楽しみ会」と呼ばれる「学級レクリエーション」がある。この活動は，学期・学年の始めや終わりなどの節目や移動教室や修学旅行でプログラムの1つとして実施されることが多い。また，定期的に朝や帰りの会のときに，学級内の係活動の1つとして組織されたレク（レクリエーション）係の子どもたちがリーダーシップをとって，ショートの学級レクの活動をすることもある。

　このような活動は学校教育が成立した当初から，子ども相互の人間関係の形成や深化を目的に実施されてきた。さらに，保護者と教師の人間関係を形成するきっかけとして，季節の節目の親睦会として実施されることも少なくない。このようなレクリエーションの意義と効果はどのようなものなのだろうか。

1．レクリエーションとは

　レクリエーション (recreation) とは，仕事などの拘束あるいは強制によって緊張し疲れた肉体と精神を回復させ，新たなエネルギーを生み出すために，余暇（レジャー）を利用して行われる活動全体をいう。日本レクリエーション協会は，「レクリエーションとは，仲間と共にする遊戯活動である。（中略）交友を助け，親和の精神を発達させ，緊張を解きほぐす機会を与えて，誰もが快適な気分と幸福感を取り戻すように図るものである」と定義している（日本レクリエーション協会，2000）。

　我が国では，1948年4月には日本厚生協会（現在の公益財団法人日本レクリエーション協会の前身）が創設された（「厚生」とは当時の「レクリエーション」の訳語である）。厚生運動（現在のレクリエーション運動）の名のもとに，国民の体力や精神力を含めた人的資源の向上をめざして，職場や地域など

において運動や休み時間を利用した文化活動が進められてきた。

　日本レクリエーション協会は，1993年4月1日より文部大臣認定の社会体育指導者の知識・技能審査事業としてレクリエーションに関する指導者の認定を始めた。日本レクリエーション協会が賦与するレクリエーション・コーディネーターは文部大臣認定資格となったのである。その後，2005年に認定制度が廃止され，もとの民間資格に戻ったという経緯がある。

2．レクリェーションとグループアプローチとの異同

　レクリェーションとグループアプローチの期待される効果の共通点は，ともに(1)個人の心的パワーを喚起させる，(2)かかわる人たちのコミュニケーション・対人関係の形成・発展が期待できることである。

　相違点は目標にある。レクリエーションは体を動かすことで心的パワーを喚起したり，楽しい体験を共有することでメンバー間の葛藤を解消し対人関係の形成をめざしたりと，即効性のある効果を目標にする面が強い。対してグループアプローチは，メンバー同士の話し合いなど小集団の機能や特性を手段として用いるが，あくまで個人の心理的発達の促進や組織の変革などをめざす。

3．レクリェーションとグループアプローチの活用

　学校現場では，レクリェーションとグループアプローチは相互に融合し合って，教育活動に溶け込んで活用されている。どちらをどのように活用するかというよりも，学級内の子どもの実態と集団の状態にマッチするように，教師が工夫して取り入れてきたのである。

　一般的には，学級成立当初はメンバー間のリレーション形成の度合いも低いので，レクリェーションの比重の高い取組みが選ばれ，メンバー間のリレーション形成が進むにつれてグループアプローチの比重の高い取組みが選ばれていくという，大きな流れがあることが想定される。そのためレクリェーションやグループアプローチの展開や手法に馴染むことは，教師の指導行動の向上にも寄与することになる。

第7章

教育活動に活かす教育相談

　教育活動に教育相談を活かすとは，さまざまな教育活動場面で子どもの自主性・自律性を尊重し，子どもの主体的な活動を支援することである。このような考え方は生徒指導や特別活動などの教科外教育に活かされるものと捉えられていたが，本来は教科教育においても積極的に活かされるものである。

　学校教育の目的は，教育基本法にもある通り自他の人間の存在価値を尊重し，自分の生活をコントロールし，社会的に自立した形で自己責任を積極的に果たそうとするパーソナリティの完成をめざすものだからである。

　教育相談は学校教育におけるすべての場面で，すべての教師がすべての子どもに接する前提として求められる姿勢なのである。それは発達支持的生徒指導（教育相談）は言うに及ばず，課題予防的生徒指導（教育相談）や困難課題対応的生徒指導（教育相談）にも求められる姿勢である。

　本章では，教科や教科外の授業において求められる，子どもの自主性・自律性・主体性を尊重する教育相談の考え方と展開のあり方を解説する。

第1節　授業に活かす教育相談

第1節　授業に活かす教育相談

1 教科の授業にも積極的に教育相談を活かすことが求められている

　2017年改訂の学習指導要領では，急速的に変化する社会で生きる子どもたちに必要な資質・能力を育むことが強調された。子どもたちに育成したいのは，自律性や自主性，社会性や責任感と協力的態度，実践的能力などであり，それは生徒指導提要（文部科学省，2022）で目的とされる自己指導力の育成につながり，教育相談の考え方や技法の駆使が求められるのである。

　知識を子どもに教え込む授業ではなく，子どもが主体的に学び合う展開が求められ，その一連のプロセス全体を支援することが必要である。子どもが主体的に学び合うような学習として，自己調整学習と協同学習を紹介する。

(1) 自己調整学習

　「主体的な学び」とは，心理学では「自己調整学習（self-regulated learning）」のことである。それは学習者が学習過程に動機づけ・学習方略・メタ認知の考えを取り入れ，行動に積極的に関与する学習である（河村，2017）。

> ●**動機づけ**：人に行動を起こさせ，目標に向かわせる心理的過程のことをいう。課題や対象に対して「やれそうだ」「できそうだ」という肯定的な見通しをもち，自己効力感（self-efficacy）をもって取り組めることが理想である。
> ●**学習方略**：学習方法や勉強の仕方のことで，学習内容や自分の特性に応じて適切な学習方略を選択できることが理想である。
> ●**メタ認知**：自分の考えや行動を自ら自覚し，第三者の視点で俯瞰して捉え，適切に調整することである。自分の学習を絶えずモニタリング（状態を監視）して，適した学習方略を選択できることが理想である。

　子どもたちの学習過程の動機づけ・学習方略・メタ認知に教育相談を活かすことが大切である。具体的には次の通りである。

第 7 章　教育活動に活かす教育相談

- **動機づけ**：「以前やってもできなかったから，今回もどうせ無理だ」「学習内容に興味がもてない」と思っている子どもに対して，意外性があったり関心をもちやすい問題に絡ませて課題を設定する，興味をひく操作活動や見通しをもてる事前活動を取り入れるなど，内発的な動機づけをしていく。
- **学習方略**：適切な選択ができない子どもに対して，基本的な学習スキル（大事な点と分からない点に線を引きながら読む／キーワードをメモしながら聞く／根拠となる資料を提示して話す／意欲が低下したら得意な問題から取り組むなど）を事前に教える，ほかの子どもたちがどのような学習方略を活用しているのかを紹介し合う場を設定する，など。
- **メタ認知**：事前に学習の見通しのもち方，学習計画の立て方，知識の活用の仕方について教える，学習活動を振り返る際に学習グループの子ども同士で相互評価する場面を取り入れて，活動の評価の仕方や評価するポイントが身につくようにしていく，など。

　「まじめに学習に取り組むのは当たり前，それができないのはその子どもに問題がある」という意識をもつのではなく，カウンセリングマインドをもってできない部分を支援していくことが必要になるのである。

⑵ 協同学習

　協同学習とは，授業の中で小グループを利用して，学習者がともに活動し，自身と互いの学習を最大化させる活動のことである。協力して学び合うことで，学ぶ内容の理解・習得をめざすとともに，協同の意義に気づき，協同の技能を磨き，協同の価値を学ぶことが目標とされる。授業が協同学習になっている状態は次のようなイメージである（関田・安永，2005）。

- 仲間同士が，互いの理解状態を意識しながら，より適切なアドバイスを考え，教え合うことにより，理解が促進される。自他の学習過程を意識し，その変化を実感できる学び合いを通して，主体的かつ能動的な学びが展開する。
- すべての学習者が，共有した学習目標の達成に向け，協同の精神に則り，自

第1節　授業に活かす教育相談

> 分と仲間の学習過程に深く関与し，主体的かつ能動的に教え合い，学び合う。

　ただし，単にグループで活動するだけでは協同学習とはいえず，協同学習と旧来のグループ学習は区別しなければならない。真の協同学習となるためには，グループが次の5つの基本要素を満たす必要がある（Johnson ら，1991）。

- **互恵的な相互依存性**

  メンバーが「運命共同体」の関係になること。

- **対面的な相互交渉**

  仲間同士で援助したり，励ましたり，ほめたりし合うこと。

- **個人としての責任**

  グループメンバーが学習や自分の目標に責任をもつこと。これは「自分がやらなくても仲間がやってくれる」という「無賃乗車」（free ride：社会的手抜き）を防ぐためである。

- **社会的スキルや小グループ運営スキル**

  質の高い協力ができるよう，やりとり（turn-taking）・傾聴・自己主張・妥協・意見の対立の解決など，さまざまな社会的スキルを身につけていること。

- **集団の改善手続き**

  うまく課題に取り組めるような関係性を維持する，グループの成功を喜び合い，仲間の積極的な行動を引き出すような方法を身につけていること。

　やらないと叱責する・成績を下げるなど教師がプレッシャーを与えて（統制的指導行動），外発的にやらせても意味がないことは言うまでもない。ここに，教育相談を活かした対応が切に求められるのである。

　協同学習では，活用しやすい既成のプログラムが多数開発されているので，それを活用するのも効率的である。さらに，身近な問題や事例を素材として，問題解決に向けてチーム学習を行っていくPBL（次節参照）という学習方法も参考になる。

101

第7章　教育活動に活かす教育相談

| 第2節 | **教科の枠を超えた学習への教育相談** |

　変化の多い時代に対応するため，これからは知識や情報から創造する力，そして学校教育に終わらず生涯を通して学び続ける力が求められる。そういったコンピテンシー（資質・能力）の育成が期待される学習法に「高次のアクティブラーニング」と呼ばれる PBL がある。PBL とは次の2つの学習法を表す。

- **Problem-Based Learning**

　プロブレムベースドラーニング。問題基盤型学習。

- **Project-Based Learning**

　プロジェクトベースドラーニング。課題解決型学習。

　PBL は2つの学習法（またはカリキュラム論）の略語であり，どちらかあるいは2つを併せて表現される。Hung（2011）の指摘するように2つの PBL の共通点に着目して，あえて区別せず論じている実践報告も少なからず見受けられる。その多岐にわたる実践と普遍的に認められた型や理論の不足と相まって，それぞれの PBL の捉え方の統一的な見解がなされていない。ここでは，近年大学で取り組まれることの多く，小・中学校でも活用しやすいプロブレムベースドラーニングについて紹介する。

　プロブレムベースドラーニングは1960年代後半より医療系の大学で始まったといわれている。日々進歩し続ける医療の世界で，学生に最新知識を教えるだけでは不十分であると考えた教授が「臨床実践に直面するような事例を通して問題解決の能力を身につけることで，基礎と臨床研究に関する知識を習得する」ことをめざしたものであった。今日では医療系大学にとどまらずさまざまな分野で活用されているが，基盤となるのは，子どもにとって身近なものや興味関心のもてるものから設定された，オーセンティックな問題である（注1）。問題作成は大変だが，教科の枠を超え，子どもの実態に合わせて問いの設定ができる，柔軟な学習法である。

第2節　教科の枠を超えた学習への教育相談

　プロブレムベースドラーニングでは多くの場合，数人のグループで学習活動に取り組む。問題シナリオというあえて不完全な構成の問題と出合い，役になりきって考えながら（ex.痛みを訴える患者の問題を看護師役で），テーマに対して自身の「知っていること」「知るべきこと」「思いついたこと」（KWL法）を明らかにし，各自で必要な知識を習得する。その際，同じ学級内の子どもでもレディネスは異なるため，特に年次の低い子どもには教師によるカウンセリング機能の発揮が重要となるだろう。

　こうして問題と向き合いながらさらなる探究活動を進め，最終的には「実施可能な」解決策を複数つくり出すことが求められる。最後にその中から最適解を選び出すことで問題理解が深まると同時に，関連する事柄についても知識が膨らみ，「自身の分からないことを明らかして不足している知識を習得する」という学習のプロセスが身につく。PBLの有効な点は自身に必要な知識を自身で獲得する行程を繰り返すことで，「学び方を学ぶ」ことである。これはこれからの時代に求められる生涯学習に取り組む素地になるだろう。

　現在の日本では高等教育段階で多く実施されるが，今後初等・中等教育での活用も期待される。プロブレムベースドラーニングは学習者のニーズ，カリキュラム，スタンダードの3つのバランスをとるために相互関連したプロセスであるため，実施の際は子どもへの丁寧なカウンセリング対応が求められる。

　以上のように，PBLは学習集団の中で展開され，集団のメンバー間の相互作用が決定的な意味をもつ。日本においては学習集団＝学級集団のため，PBLをはじめさまざまな教育方法に取り組む前提として，学級集団へのアプローチが要となる。PBLでグループ活動をする際に，グループ内のメンバー同士で，物事（情報）の理解の仕方が異なる場面に遭遇するだろう。そのような場面における葛藤を乗りこえることでさらなる学習効果が期待される。

注1：オーセンティックとは，本物の実践に可能な限り文脈や状況を似せた内容を扱うものであり，そのプロセスで知識のみではなく文脈や状況もセットで獲得されるため，日常で活用可能となるのである。

103

第7章　教育活動に活かす教育相談

第3節　教科外教育に活かす教育相談

1　教科外教育と教育相談を活かした活動の同義性

　社会人として必要な知識を獲得させる教科教育は学校教育の中心に位置づけられてきた一方で，スポーツや芸術活動などは子どもの自治によって展開されていた。だが，そのような課外活動も，子どもの自律・協力・自主性・リーダーシップなどの市民性を教育する活動として教育的意義が理解されるようになり，教科外教育としてカリキュラム化が図られた歴史がある。教科外教育の中心は我が国では特別活動である。

　特別活動は，集団活動が教育内容であり，かつ，方法原理である。集団活動を通した子ども同士の相互作用から獲得される学び自体が，子どもの社会性やコミュニケーション能力を育成し，さらに，個性や創造性など人格形成の重要な資質・能力の育成に直接的にかかわっているのである。

　2017年改訂の学習指導要領で強調されている，自律性や自主性，社会性や責任感と協力的態度，実践的能力などの資質・能力の育成をめざす教育目標は，教育相談の考え方と同じである。「主体的・対話的で深い学び」の視点による学習活動の計画・展開は，教育相談の1次的援助・開発的カウンセリング（第1章参照）の支援方法とまさに合致するのである。つまり，教科外教育の中心である特別活動と，1次的援助・開発的カウンセリングの教育相談の活動は同義なのである。

　友達との付き合い方や進路指導などすべての子どもがもつ発達上のニーズに対応する援助が1次的援助であり，開発的カウンセリングとは，一人一人の個性伸長や発達を援助して，より教育成果を獲得できるように支援するカウンセリングである。開発的カウンセリングは教育活動そのものであり，教師から見れば子どもにより多くの教育効果を獲得させるために，カウンセリングの知識や技法を活用して教育実践をしていくことである。

104

2 子どもの人格を育成するメカニズム―先行研究から―

2017年改訂の学習指導要領で強調された子どもの自律性を重視した協同的活動をベースにした資質・能力の育成をめざす教育は，20世紀初頭にアメリカの新教育運動の中でデューイが提唱した「問題解決学習」との近似性が指摘されている（上野，2010）。

問題解決学習の考えは「主体的な学び」「対話的な学び」「深い学び」につながっており，学習者の生活や要求に応じ，日常的な生活事態を足場にして問題解決を行わせ，学習者の諸能力を高めようとする方法で，人間が問題場面に遭遇したとき，問題解決のための思考に対応する学習指導の過程が重視される。

具体的には(1)問題の明確化，(2)問題解決に必要な情報の収集，(3)解決可能な仮説を立てる，(4)多様な仮説の中から適切な仮説を選び出す，(5)実際に仮説をテストして検証する，などである。

デューイの高弟のキルパトリックはデューイの問題解決学習法をより精緻に体系化したプロジェクト・メソッドを提案した（Kilpatrick, 1918）。プロジェクト・メソッドとは，「生徒が計画し現実の生活において達成される目的をもった活動」で，子どもに目的設定・計画・遂行・評価の活動を行わせ，生産や生活の向上をめざす教育方法である。

教育的な意味でのプロジェクトは学習者自身の目的意識・課題意識を出発点とし，それに支えられた活動である。それが学習活動に内発性を与え，学習過程での学習主体と課題や対象との相互交渉を豊かなものにし，学習の成就を確かなものに，また興味の発展や態度形成にまで及ぶ統合されたものにするのである。

キルパトリックは学習の過程を基本学習（primary learning），関連学習（associate learning），付随学習（concomitant learning）と重層的に捉えた。

- **基本学習（primary learning）**：直接指示されて取り組むもの
- **関連学習（associate learning）**：学習に関連して生起するアイディアや疑

第7章　教育活動に活かす教育相談

問など

● **付随学習（concomitant learning）**：意図的・意識的・直接的・計画的な教授とは別に無意図的・無意識的・間接的・偶発的に展開されている，教授とは直接関係なく成立している人格や態度に関わる学習

3 キルパトリックの学習過程と学習指導要領で重視される資質・能力

　キルパトリックが捉えた3つの学習過程は，2017年改訂の学習指導要領で示された学力の3要素，「知識及び技能」「思考力，判断力，表現力等」「学びに向かう力，人間性等」と，それぞれ対応させて考えることができる。

(1)「知識及び技能」——基本学習

　領域固有の知識を単に所有するだけではなく，その知識を自在に活用できるようにする必要がある。そのために，個々の知識は関連づけられ，各教科等の特質に応じた見方・考え方に即して体系化され統合されることにより身につけられなくてはならないのである。

　同じ事物や現象でも，各教科等の見方・考え方を活用することで，多様に事象を捉え，幅広く認識し，豊かにかかわることにつながる。見方とは，どのように対象を捉えるかといった教科など固有の対象を捉える視点である。考え方とは，どのように対象とかかわり，どのように対象に迫るかといった教科など固有のアプローチの仕方やプロセスのあり方である。

(2)「思考力，判断力，表現力等」——関連学習

　思考力と判断力は汎用的認知スキルと呼ばれる。数多くの問題解決過程でさまざまに思考をめぐらせ判断を下す経験をする中で，共通する有効な視点やアプローチの仕方に気づき，変化する社会でも対応できる力として活用できるようになるのである。そのために，次のことを体験学習させることが必要である。

● 新たな情報と既存の知識を適切に組み合わせて，両者を活用しながら問題を解決する，考えを形成する，新たな価値を創造するという思考活動

第3節　教科外教育に活かす教育相談

- 多くの情報の中から必要な情報を選択し，解決の方向性を見出す，解決方法を比較・検討して結論を出す，そのために必要な判断や意思決定をする活動
- 伝える相手や状況に応じて，ICTなども活用しながら適切に表現する活動

(3) 「学びに向かう力，人間性等」——付随学習

　「学びに向かう力，人間性等」は情意や態度にかかわる学力であるが，従来の関心・意欲・態度とは異なる面がある。情意や態度は認知的な学習の手段や前提条件レベルだけでなく，それ自体が育成すべき重要な資質・能力である。自らの思考の過程を客観的に捉える力，それに基づき自己の感情や行動を統御する能力，いわゆる「メタ認知」に関する能力である。そして，感情や行動の自己調整をするなど，メタ認知を含めた自己調整能力として，育成していくことが必要なのである。

　そして，子どもの個性や創造性などの人格を育成する原理が付随学習である。付随学習では教師が教え，子どもが学ぶというのではなく，子どもにとって最も豊かな可能性をもった環境を提供し，子どもが環境に刺激されて主体的に活動を開始し，活動を通して知識・技能・態度などを身につけるようにするのである。特定の教科や時間に限定することなく，学校生活全体が付随的に「学びに向かう力，人間性等」を学ぶ機会になるように，教師は「付随」が発生する「状況」をできるだけ多く含む環境を用意することが大事である。

　学校教育の教科教育，教科外教育，1次的援助の開発的カウンセリングの教育相談活動の3つはその基底に通ずるものがあり，子どもの資質・能力（コンピテンシー）の育成を重視していくならば，デューイやキルパトリックの考え方は教育実践を展開する上での思想的背景として押さえておくことが求められる。その考え方には，カウンセリングマインドを活かした教育活動の展開の姿勢が含まれているのである。

107

第7章　教育活動に活かす教育相談

第4節　教科教育に教育相談を活かす実践例

　教科授業への教育相談的アプローチは，教育相談活動全体の中の開発的教育相談にあたる。開発的教育相談について，今井（2006）は，「児童生徒の成長を指導・支援する機能である。児童生徒は成長過程で，誰もが発達上の課題に遭遇する。この課題解決を援助することにより成長が促進される。児童生徒が個性を生かし，社会性を身につけ，自己実現が図れるようにするのが開発的教育相談である」としている。

　開発的教育相談とほぼ同義の言葉として，開発的カウンセリングがある。國分（2001）は，開発的カウンセリングの代表的方法に，構成的グループエンカウンター（SGE）やカウンセリングを活かしたグループワークなどのグループアプローチを例示している。学級集団にグループアプローチの手法を活用する方法として，次の2通りの方法がある（第6章参照）。

⑴特定のプログラムを道徳や学級活動の時間を用いて一通り実施する

⑵特定のプログラムの展開の仕方・エッセンスを，授業や集団活動の展開に一部活用して実施する

　多くの学校現場で，SGEなどのグループアプローチが実践され，子どもの成長に寄与している。しかし，指導時数は限られており，⑴のようにグループアプローチそのものを扱える時間は十分に確保できないのが現状である。そのため⑵のように，日常的に行われる教科の授業にSGEなどのグループアプローチの枠組みを取り入れて，教科学習のねらいと並行して人間関係づくりや自己実現にかかわるねらいも設定する必要がある。つまり，授業の中で学習指導と同時に学級づくりもしていくという考え方である。

　なお，グループアプローチの展開には学級の子どもの関係性，学級集団のアセスメントを行うことが不可欠である（第6章参照）ことから，教科授業の実践に先立っても，学級集団のアセスメントを実施する必要がある。学級集団の

アセスメントには,「楽しい学校生活を送るためのアンケートQ-U」が,全国の学校現場で広く活用されている。

1 教科教育にグループアプローチの手法を取り入れた実践例

　ここでは,SGEの展開の仕方を教科授業の中に取り入れた授業の実践例を紹介する。別所(2004)は,SGEにおける「構成」とは「枠を与える」という意味であり,SGEには「グループのルール」「グループサイズ」「グループの構成員」「時間制限」「エクササイズをする際の条件」という5つの枠があるとしている。こうした枠を設定する理由として,(1)参加しやすいものから始め,メンバーの心的外傷を予防する,(2)はじめは時間を短めにして活動にのれないメンバーに配慮する,(3)グループサイズを小人数から始め,段階的にリレーションをつくる,(4)気持ちの揺さぶりの浅いものから深いものへと配列し,目標達成をステップ・バイ・ステップにする,(5)効率的に進める,(6)リーダーやメンバーのもち味を活かす,の6点が示されている。SGEは教師による実践と相性がよい(國分,2001)とされ,SGEの構成の仕方を身につけることは,授業技術の向上にもつながるものである(國分・大友,2001)。

(1) 現在地の把握（10月時点）

〈学級の様子〉

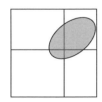

	満　足	非承認	侵害行為認知	不満足
5月	57%	18%	15%	10%
10月	75%	5%	12%	8%

数字はQ-Uの各群に子どもがプロットされている割合を示す。Q-Uについては4章を参照。

　男子23名,女子16名(内特別支援学級所属1名)の計39名の学級である。10月実施のQ-Uの結果を見ると,満足群75%の「親和的なまとまりのある学級集団」であるが,まだ教師主導での活動が多く課題もある。特に進んで自分の考えを表明できる「表現力」が課題であり,1学期は「聞く場面の環境づく

第7章　教育活動に活かす教育相談

り」と「安心して話せるグループづくり」に努めた。今後は方針を示した上で，子どもの主体的な活動を見守る委任の面の比重を高めた対応をしていきたい。

　学級の課題を「個の責任の自覚と，グループへの貢献意識を育てる」と「共通の目標に向かって一緒に活動することで活動の質を向上させ，学び合いの価値を感じさせる」の2点と考え「認められる活動」「自分らしく活動できる・したいという意欲」を育てる活動を授業づくり・学級づくりの両面から仕組んでいき「考えの交流の楽しさ」を味わわせたいと考える。

〈気になる子どもの様子〉

Aくん（不満足群）・・・5月（不満足群）／10月（不満足群）

　友達とのコミュニケーションが一方的で，会話が苦手である。思いついたことを全部話すので，グループ活動で周囲と馴染めないことがある。本時において期待する姿は，まず，自分の考えを整理し上手に伝えられるようにすることである。自力解決の時間に支援が必要な場合は資料や年表を見るよう声をかけるとともに話し合いの輪に入れるようにAくんのグループに声をかけたい。

⑵ 現在地からの計画

　かかわり合いのよさや意義を感じられる授業を展開し，学び合う楽しさを体感させることをめざしてきた。具体的には以下のような取組みである。

●授業の中にゲーム・クイズ的な時間をつくり興味関心をもたせる

　その日の授業にかかわるクイズやゲームなどを取り入れた。特に社会科の「歴史人物，私はだれでしょうクイズ」は学習が進むにつれ子どもたちの方から「こんな風にするともっと楽しい」という意見が生まれ進化している。

●ペアで考えを伝える

　毎時間，グループ学習を行うわけにいかないので，「今日のペア」を決め算数，国語の時間に答え確認や考え交流を毎日行った。2学期の目標は「自分と意見，考えの違う友達がいることをおもしろい！　と興味をもつ」とした。

110

第4節 教科教育に教育相談を活かす実践例

● **自分たちでグループづくり**

「学習グループを自分たちでつくる」ことに取り組んだ。ルールは「友達の輪を広めよう」,「少しの勇気と少しの我慢」,「楽しくなる努力」の3つである。支援学級のBさんのことや日頃のグループを離れられないなど,課題がみられる。音楽や家庭科では先のルールのほかに「苦手な人は得意な人と」,「課題がクリアできる仲間」の2つを追加した。

● **班対抗歴史クイズ**

毎回授業の導入で,5分間のクイズをする(クイズは学級の半分以上が手を挙げることのできるくらいの難易度)。授業の復習をしていないとヒントを出すことも答えることもできないため,社会の自主勉強や休み時間に問題を出し合う姿が増えた。3学期は問題づくりにも取り組んでいきたい。

● **体験的な学習活動**

短時間にみんなができて,どの子どもも自信をもてる活動に取り組んできた。社会科の授業では"雪舟の水墨画の世界を体験しよう""自分の言葉で年表づくり"をおこなった。ポイントを指導した後は,自分で試行錯誤しなから取り組む。それぞれの作品のよいところを相互に伝え合う活動も行った。自分の作品の出来に満足している様子だった。

● **他者の考え紹介**

友達の考えを紹介する活動により,理解して聞こうとする能動的学習態度を引き出す。

● **ブレーンストーミング,ランキング**

グループで多様な考えを出すためのブレーンストーミングとメンバー各自の優先順位を擦り合わせ共通見解をつくるランキングの活動を取り入れる。

第7章　教育活動に活かす教育相談

(3) 計画の実践

●単元について

【第6学年　社会科　近代国家への歩み】

　本時では，不平等条約締結の経緯を確認した後，日本が近代国家の仕組みを整え，国際的な地位を高めていって，条約改正に成功したことを捉えていく。不平等条約の改正は，明治政府の大きな課題であり，「近代化」をめざしたさまざまな改革や立憲政治の確立も，条約改正を実現するための条件であった。一方で，2度にわたる戦争と朝鮮の併合により，東アジアでの日本の影響力が強まり，国際的地位が向上したことが，条約改正の動きにつながっていったことを捉えさせ，改正までの経緯を整理するとともにその意図や意味を考えることを通して，当時の国際情勢や日本と諸外国との関係性を正確につかむことができるようにしたい。そのために条約改正に影響を与えた事柄を根拠をもってランキングし，個人の考えをまず4人グループで交流し，全体への交流につなげていきたい。

●教科のねらい

　日本の国力の充実，国際的な地位の向上など，不平等条約改正が成し遂げられた要因について考え，適切に表現する。

●手立て

・「自力解決」でもった考えを友達に伝えるときは，根拠を明らかにして説明できるようにする。

・多様な考えを生み出せるよう，ブレーンストーミングの活動を取り入れる。

・自分の考えを表明する場を確保し，説明することにより，考えをより確かなものにするためにグループをつくる。また，交流の場で，個々の価値観を擦り合わせ対話が生まれるように，ランキングの活動を取り入れる。

第4節　教科教育に教育相談を活かす実践例

●展開

過程	学習活動	指導上の留意点（○）と評価（◇）	備考
つかむ・考える	**課題をつかむ** １．本時の課題を把握する 不平等条約を改正できたのはなぜだろう **自力解決** ２．自分の考えを書く。 ・日清・日露戦争で勝利したから ・日英同盟　・自由民権運動 ・自由平等　・国会の開設 ・大日本帝国憲法の発布 ・医学の進歩　・産業の発達 ・鹿鳴館など西洋文化の取り入れ ・ノルマントン号事件・朝鮮併合	○本時の学習課題の確認と授業の流れを確認する。 ○条約改正につながった理由をできるだけ多く各自で考える。 ◇不平等条約改正が成し遂げられた要因について自分の考えを書くことができる。	インストラクション 自力解決ワークシート 介入 ヒントシートを与え，アドバイス
深める	**グループの学び** 社会科グループ（4・5人組）になる。 ３．条約改正につながった理由をグループで，できるだけたくさん挙げる（ブレーンストーミング）。 ４．自分で考えたランキングをグループに伝え，グループの考えをランキングにまとめる。 ①個人の考えを伝える。 ②ランキングを決定する。（1〜3位まで） ③ランキングの根拠をまとめる。 **学級全体の学び** ５．学級全員で考えを交流する。 ・グループの考えを根拠を示して伝える。 ・「同じ考え」や「付け足し」で交流する。	○子どもにメンバー構成を意識して学習グループをつくらせる ○自信のない子どもから順番に発表する。同じものがあればその都度，出させる。 ○不平等条約改正を実現できたのはなぜか，グループの考えを3つにまとめ，ランキングして根拠を示し説明する。 ○役割を確認してから話し合う。全員が同じくらい話すことを伝える。 ○ほかのグループの発表を聞くことで，自分の考えを広げたり，深めたりさせる。 ○よい交流がみられたら，取り上げて，よい行動を促進する。	インストラクション エクササイズ 介入 グループ学びのワークシート ランキング掲示用の短冊
まとめる	**まとめ** ６．今日の学習をまとめる。 ・授業の感想を書く。 ・感想を交流する。	○今日の学習で考えたこと，気づいたこと，友達のよかったところ，自分が成長できたことを発表しシェアリング。 ◇日本の国力の充実，国際的な地位の向上等，不平等条約改正が成し遂げられた要因を考え，適切に表現している。	シェアリング

113

第7章　教育活動に活かす教育相談

| 第5節 | 教科外教育に教育相談を活かす実践例：特別活動 |

　ここでは，「サイコロトーキング」という，サイコロを用いて互いに自己開示したり相互評価を伝えあったりするゲームを紹介する。ゲーム性が高いため，普段話さないことを話すきっかけが生まれやすい。また，ワークシートを活用し，回収することで教師も子どもの考えや気持ちなどを把握でき，個々の状況に合わせた声がけや相談活動のきっかけをつくることができる。

1 サイコロトーキングの実践

(1) 使える場面

・新学期，人間関係ができていないとき

・行事の前後に互いの思いを伝えたり，振り返りをさせたりしたいとき

・将来のことやクラスのことなどについて語り合わせたいとき

(2) サイコロトーキングのテーマ例一覧

グループの人間関係づくりに	行事の自己評価や振り返りで	行事の相互評価の場面で
1. 好きな食べ物 2. おすすめのテレビ番組・映画 3. 好きな歌手やタレント 4. 好きな本やマンガ 5. 好きな動物 6. 学校でおすすめの場所	1. 楽しかったこと 2. 頑張ったこと 3. 苦労したこと 4. すごいなと思ったこと 5. 残念だったこと 6. この次にやってみたいこと	1. 見えないところで努力した人 2. 人の嫌がる仕事をしていた人 3. 楽しみながらやっていた人 4. みんなを引っ張っていた人 5. 力をつけたなと思う人 6. 友達を励ましていた人
学習後の振り返りで	キャリア教育として	クラスや学校のこと
1. なるほどと思ったこと 2. さらに調べたいと思ったこと 3. ためになったこと 4. 自分でも試してみたいこと 5. いいと思う学習法や改善点 6. 将来学びたいこと・やりたいこと	1. 将来，やってみたいこと 2. 将来，やりたくないこと 3. 調べてみたいこと 4. 気になる進路先 5. 10年後の自分 6. 理想的な生き方	1. 最近，気になっていること 2. クラス・学校の良いところ 3. クラス・学校の課題・改善点 4. 理想のクラス・学校 5. よりよいクラス・学校にするために 6. クラス・学校のために自分ができること

第5節　教科外教育に教育相談を活かす実践例：特別活動

(3) 運動会でのサイコロトーキング活用例

テーマ：「運動会を振り返ろう」

◎**本時の活動**

活動開始

⑴活動内容・流れを説明する。　⑵テーマに関するワークシートに記入させる。

活動の展開

⑶数人のグループになり，じゃんけんではじめの発表者を決める。

⑷右回りでサイコロを振り，出た目のテーマを語る。聞き手は質問があれば聞く。

活動のまとめ

⑸この活動の感想と，これからの学校生活の目標や取組みなどについて考える。

⑹振り返った内容を小グループで話し合う。

⑺それぞれのグループで話し合った内容や感想をクラス全体に発表する。

◎**教師による事後の指導や支援**

・子どものワークシートを確認してそれぞれのがんばりを知り，一人一人に感謝や貢献，健闘などを伝える声がけを行う。

・がんばった子どもの紹介や担任としての思いを自己開示する。

・気になる子どもがいた場合，時間をつくって，相談活動を行う。

ワークシート　　　　組　番　氏名

サイコロトーキング「運動会を振り返ろう」

★運動会で次にあたる人はだれですか。理由とともに記入してください。

1．見えないところで努力した人とその理由

2．人の嫌がる仕事をしていた人とその理由

3．楽しみながらやっていた人とその理由

4．みんなを引っ張っていた人とその理由

5．力をつけたなと思う人とその理由

6．友達を励ましていた人とその理由

★このワークを行っての感想

column 2　ICTを活用した学習活動への支援

1．一人一人のニーズに応じたICTの活用

　近年，子どもの多様性が注目され，多様な学びに柔軟に対応した学習指導・支援を実施することが喫緊の課題となっている。2017年改訂の学習指導要領（特別活動）では，「主に集団の場面で必要な指導や援助を行うガイダンスと，個々の児童の多様な実態を踏まえ，一人一人が抱える課題に個別に対応した指導を行うカウンセリングの双方により，児童の発達を支援すること」と示され，一人一人の子どもの教育的ニーズに応じたきめ細やかな指導や支援ができるようにすることが求められた。

　また河村（2018）は，障害のある子どもの社会的障壁が形成されないように，学級集団での活動に取り組む際は最初から多様性をもたせておくことが必要であると述べている。複数の手段を用意したり学習の目的を変えない範囲で代替手段を用意したりする際，電子黒板や書画カメラ，タブレット端末，デジタル教科書などのICTの活用が，学びの可能性を広げるものとなる。

2．深い学びの実現に向けたICTの貢献

　「主体的・対話的で深い学び」を実現するためには，学習の見通しをもって授業に集中し，分かる喜びとできる楽しさが感じられる授業づくりが重要である。

　まず授業の導入で，電子黒板や書画カメラ，デジタル教科書などでの課題提示により学習の見通しをもたせたり，見本動画の視聴により自己の課題をつかませたりする。ICTを活用し，簡潔かつ効果的に授業の導入を行うことで，授業の展開の時間を十分に確保することができる。

　次に，展開場面における個別学習では，タブレット端末を用い，疑問をもったことや詳しく知りたいことを調べさせたり，自分の考えを表現させたりする。

手書き，デジタルペンでの書き込み，キーボードでの入力，イラスト，ノートやワークシートをカメラ機能で撮影したものなど，学習者が学びやすい表現の方法を選択できることがICTの最たる貢献である。

協同学習では，例えば子どもは，ペアもしくはグループでの対話的な学習において，1人1台またはグループ1台のタブレット端末を用い，話し合う際の思考の可視化や，発表の根拠を提示するツールとすることができる。また，その他の活用例として，電子黒板や授業支援ソフトを活用し，意見や考えの集約を行うことで，多様な考え方を擦り合わせ，学びを広げたり深めたりすることができる。このようにICTの活用は，個別学習から協同学習の展開による「主体的・対話的で深い学び」を促進するのである。

また，展開においては，黒板やホワイトボードに清書させていた思考の過程をタブレット端末や授業支援ソフト，書画カメラなどを用いてそのまま電子黒板に映し出すことにより，瞬時に共有できる。教師も，個々の子どもの学習状況を瞬時に把握・評価でき，個別の支援がしやすくなる。さらに，これまで発表に苦手意識をもっていた子どもが，ICTが補助となることで，自信をもって発表することができる。発表に対し効力感を高めていくことは，協同学習の効果をより高め，相互の承認に基づいた学級集団を形成していく。

3．ICT活用における「個別」と「協同」の視点

協同学習というとペアやグループでの学習をイメージしがちである。しかし，学習過程に「協同」が組み込まれていたとしても，個別学習を通じた個の考えの形成を経ない協同学習は，いわゆる学力が高い子どもの考えにほかの子どもが追従するのみになることが多く，結果として学級全体の学習が深まりにくい。「協同」の前段には，自分の考えを形成する「個別」の時間が不可欠なのである。

このように，教師だけでなくすべての子どもがICTのもつ「アシスト機能」を有効活用することにより，学びはさらに主体的・対話的なものとなり，あまねく深まりが実現できると考える。

第8章

配慮が必要な子どもの
理解と対応

　本章では，配慮が必要な子どもの理解と対応について，小学校・中学校・高等学校の各段階で特に見られやすい問題を挙げて説明していく。

第1節　小学校

1 低学年・高学年で見られる発達の問題

　文部科学省（2009）は，低学年の子どもの課題として，社会性を十分身につけないまま小学校に入学することにより，精神的に不安定さをもち，周りの子どもとの人間関係をうまく構築できず集団生活になじめない子どもが多くなっていることを指摘している。いわゆる「小1プロブレム」という形で現れ，授業中に立ち歩く，先生の話を聞かず自分勝手に行動するなど落ち着いて学習に取り組めない状況が多くの学級で共通して見られている。

　高学年の子どもの課題としては，発達の個人差が大きいために自己に対する肯定的な意識をもてず，劣等感を抱きやすい時期である。そのため教育活動全

体を通して，意欲に大きな差が見られるという問題がある。また，発達的には中・高学年はギャングエイジと言われる時期であり，閉鎖的な仲間集団が発生し，付和雷同的な行動が見られることも指摘されている。

このような発達の問題に対応しないことは，学級としての教育活動が成立しにくくなるだけでなく，他者への思いやりの欠如や，学級における役割の無自覚や無責任の問題が起こり，いわゆる学級崩壊と言われる状態や，いじめや不登校の問題につながることが懸念される。

2 暴力行為・いじめ・不登校の問題

文部科学省（2023）による子どもの問題行動についての調査によると，2012年度から2022年度の10年の間に，暴力行為発生件数は約7.4倍（2012年度8,296件，2022年度61,455件），いじめの発生件数は約4.7倍（2012年度117,384件，2022年度551,944件）に増加している。これは，いじめ防止対策推進法の制定以降，いじめの早期発見の重要性の認知が進んでいる結果でもあるが，依然として感情を統制できず，相手の気持ちを感じることのできない子どもが多いことが考えられる。

また子どもの数は年々減少しているにもかかわらず，不登校の件数は約4.9倍（2012年度21,243人，2022年度105,112人）と増えており，不適応な状態にいる子どもは増加の一途をたどっている。不登校問題の本人にかかわる主な原因としては，「無気力・不安」（50.9％），「生活リズムの乱れ他」（12.6％），「親子の関わり方」（12.1％）である。また指導の結果，登校できるようになった子どもは3割に満たず，7割以上が登校できていないという問題もある。さらには学年が上がるごとに，不登校の割合は増加していることから，クラス替えや，担任の交代などで新たに不登校にいたる子どもが年々増加していることも問題となっている。

3 自己肯定感の低下の問題

2024年度の全国学力調査の結果によると，16.5％の子どもが「自分によいと

第 8 章　配慮が必要な子どもの理解と対応

ころがあると思うか」という質問に否定的に回答するなど，自分に自信を持てずにいることが報告されている。また，「自分にはよいところがあると思う」と「課題の解決に向けて自分から取り組んだ」の回答との間には，正の関連があることが報告されており，学習への肯定的な効果も明らかになっている（国立教育政策研究所，2024）。

　自己肯定感の低い子どもは，少しがんばれば解くことができる問題であっても，すぐにあきらめてしまい，学習の定着に結びつかないことがある。また，人間関係についても消極的・閉鎖的になってしまう様子が見られる。一方，自己肯定感の高い子どもは，多少むずかしい問題であっても，がんばれば解けるはずだと前向きに考え，粘り強く取り組んだり，解くこと自体におもしろさを感じ，意欲的に取り組んだりする様子が見られる。同様に，人間関係に対しても積極的・開放的になる様子が見られる。

4 進路面における意識の問題

　国際的にみて，日本の子どもは自分の将来のために学習を行う意識が低く，働くことへの不安を抱えたまま職業に就き，適応にむずかしさを感じている状況がある。また，身体的には成熟傾向が早まっているにもかかわらず精神的・社会的自立が遅れる傾向があることや，勤労観・職業観の未熟さなど，発達上の課題が見られることも指摘されている（文部科学省，2022a）。

　こうした問題の解決に向けて，文部科学省（2022b）が作成した「小学校キャリア教育の手引き」では，小学校段階においては，キャリア発達の主たる課題として，「学校生活への適応（低学年）」，「友達づくり，集団の結束力づくり（中学年）」，「集団の中での役割の自覚，中学校生活に向けた心の準備（高学年）」が挙げられており，日頃の学級活動の充実が求められている。また，育成することが期待されている能力として，①キャリア発達に即した主たるねらいの例，②人間関係形成・社会形成能力の例，③自己理解・自己管理能力の例，④課題対応能力の例，⑤キャリアプランニング能力の例，の 5 つの領域の例が示されており，各領域における能力の育成がめざされている。

第2節　中学校

第2節　中学校

　中学生は，思春期・青年前期とよばれ，第二次性徴期が明確になり，性的成熟に向かう時期である。急激な身体発達に伴い，抽象的な思考が可能になる。この時期は，親や教師にはもう頼りたくないという「心理的離乳」が始まるが，自信が持てなくなったり，「自分はこれからどうなるのか」といった自分への問いかけが多くなったりする。そのため，友人関係が果たす機能が重要になる。友達と会話や活動を共有することにより，心理的安定が図られ，精神的健康の観点からも，友達の存在は中学生にとっては大きな支えとなる。また中学生の時期は，異性への憧れや関心が高まる時期でもある。

1 非行・攻撃的行動の問題

　警察庁（2024）によると，令和5年の刑法犯少年の年齢別，罪種別検挙人員は，18,949人であった。令和4年と比較し，14歳の増加率は40.1％，15歳は39.5％，16歳は39.0％となっており，中学校の3年間は増加する傾向がみられる。非行には精神的な不安定さや交友関係による多様な刺激から生じる一過性のものもあれば，自尊感情と現実とのギャップから生じる挫折感・失望感や思い通りにならない怒りから自棄的な心境の中で非行に及ぶ場合などがある。また，近年，目立たない子どもが突然，重大な非行に及ぶケースも見られる。このような子どもの多くは，家庭や学校生活にストレスを感じていることがあり，周囲の適切な援助を受けられず，限界に達すると，突然攻撃的な行動に及んでしまうと捉えられる。さらに近年は，スマートフォンやインターネットの発達によって，教師の目の届かない仮想空間で，不特定多数の人と交流するなど，思春期の複雑な心理や人間関係を理解するのは困難な場合がある。

　多様な背景を持つ子どもへの対応にあたっては，SCやSSWとの協働，関係機関との連携などにより，早期の気づきと適切な援助を通じて，非行を予防することが大切である。

第8章　配慮が必要な子どもの理解と対応

2 不安・抑うつなどの感情・情緒の問題

　中学生は，身体発達に伴い，自己の身体へ注目が向き，悩みや不満などが生じる。思春期のやせ志向や体型認識のゆがみは，摂食障害発症要因の一つとなることから，思春期の重要な健康課題といえる。これらの問題は女子特有のものと考えられる傾向にあるが，近年は男子にもやせ志向傾向がみられる。

　国立成育医療研究センター（2023）によると，中学2年生では，全体の23％が抑うつ症状の傾向であったことを報告しており，男子よりも女子の割合が高かったとしている。この時期の抑うつ傾向は精神医学でいう「うつ病」とは異なり，一時的にまた繰り返し憂うつな気分が出てくるなど変わりやすいのが特徴で，学校・家庭生活や対人関係などが関連していることが報告されている。またその程度が高い場合，成人期に慢性的な抑うつ傾向になる危険があるといわれている。小関他（2012）は，中学生の抑うつに関して，友達からのサポートを多く受領していると認知している子どもは，引っ込み思案な行動が減少し，抑うつが低減する可能性を示している。

3 自意識の高まりから生じる問題

　中学生になると，それまで依存していた親から精神的に独立しようとする「心理的離乳」が起こる。自立と依存の間で葛藤しているこの時期は，周囲の大人や権威に対して拒否的，反抗的態度を示すことも見られる。

　中学生の時期は，自己の内面にも目を向けられるようになり，抽象的思考が可能となるため，人生や人間関係のあり方についての悩みや葛藤が生じやすい。また自分と他者との区別が明確になるため，他者と比較をしがちで，劣等感が生じやすい。また友人間で類似性や共通性を重視するあまり，他者の評価を行動基準としたり，他者の視線を気にしたりする場合があり，周囲に過剰に同調する傾向が見られることがある。教師は，「反抗期だから」といった表面的な理解ではなく，心理面，学習面，社会面，健康面，進路面，家庭面から総合的に理解し，共感的な理解を行うことが重要である。

第2節　中学校

4 教育環境の変化から現れる問題

　中学校では，学校の規模や学区が広くなるとともに，教科担任制となり，学習内容もより抽象的なものを扱うこともあり，高度なものとなるため，主体的に学ぶことが求められる。

　小学校から中学校に移行した際に，教育環境の変化から中1ギャップが見られることがある。また多くの生徒が学習面の不安だけでなく，心理面や進路面での不安や悩みを抱えることが多い。特にこの時期は，体や心の内面に変化が生じることから，葛藤や悩みを抱えやすく，悩んでいるのは自分だけなのではないか，と自分を特別視し，否定的にとらえがちであるが，これは，自分のさまざまな側面や家族を客観的，論理的にみることができるようになるからである。このような葛藤や悩みに対しては，ガイダンスという観点から，学校生活への適応やよりよい人間関係の形成，学習活動や進路等における主体的な取り組みや選択および自己の生き方などに関して，組織的・計画的に情報提供や説明を行う必要がある。

5 発達障害の問題

　発達障害をかかえる子どもに対する配慮や支援においては，安心感や自信，意欲を高める関わりなど，心の問題への対応が非常に重要になる。つまずきや失敗が繰り返され，苦手意識や挫折感が高まると，心のバランスを失い，暴力行為，不登校，不安障害など様々な二次的な問題による症状が出ることがある。このような二次的な問題による不適応を考える際には，見えていない部分にも意識をむけ，背景や要因を考えて対応することが大切である。発達障害をかかえる子どもへの指導・支援に当たっては，2軸3類4層の支援を意識しながら，重層的に展開することが重要である。例えば，強みをいかした学習方法に変えたり，実行できたら褒めたりするなどの指導を通じて，成就感や達成感が得られる経験と，それを認めてくれる望ましい人間関係が周囲にあることが大切である。また発達障害をかかえる子どもは，援助を求めることが苦手な場合があ

123

第8章　配慮が必要な子どもの理解と対応

り，自己解決能力が育ちにくい。そのため，相談できる人や場を確保すること
が求められる。

| 第3節 | 高等学校 |

　現代の高等学校では，進学率が98.8％に達し，子どもの多様性が一層顕著と
なっている（文部科学省，2021）。それに伴い，配慮が必要な子どもへの理解
と対応がますます重要な課題となっている。こうした子どもへの理解と対応が
不十分だと，彼ら・彼女らは学業や人間関係で挫折感を抱え，学校生活に支障
をきたし，中途退学につながる可能性が高まる。また，その影響は学校生活に
とどまらず，社会的自立に必要なスキルや人間関係の構築にも困難をもたらす。
したがって，配慮が必要な子どもへの支援を学校全体で進め，安心して学び，
成長できる環境を整えることが喫緊の課題である。

1 配慮が必要な生徒たちの実態

　高等学校には，特別な配慮が必要な子どもがそれぞれ異なる課題を抱えてい
る。例えば，発達障害を抱える子どもは，人間関係の構築にも困難を抱える場
合が少なくない。また，特定の科目に強い苦手意識を持ち，一般的な授業形式
に適応しにくいこともある。LGBTなどの性的マイノリティの子どもは，周囲
からの無理解や偏見から孤立しやすく，心理的なストレスを抱えることが多い。
　また，家庭環境が学校生活に影響を及ぼすことも少なくない。貧困や親の不
在，家族の世話を担うなど経済的・社会的困難を抱える環境にある子どもは，情
緒が不安定になり，学習や人間関係に消極的になる傾向がある。さらに，不登校
経験者や外国にルーツを持つ子どもも特別な配慮が必要なグループに含まれる。
　これらの子どもが孤立感や挫折感を抱かず，安心して学べる環境づくりが重
要である。そのためにも教師の支援に加え，同級生や学校全体の理解や相談し
やすい環境の整備が必要である

第3節　高等学校

2 学校タイプに基づく支援の違い

　高等学校では，子どもの進路や学校の特性に応じて異なる課題が生じる。

　大学の進学率が高い「進学校」では，学力面のサポートに加え，進路に対する精神的負担を軽減する支援が求められる。また，子どもが様々な活動に主体的・協働的に取り組む機会が多いため，それらの行動を活性化させるために必要な発達支持的生徒指導が重要である。さらに，配慮が必要な生徒も少なくないため，個別対応を通した困難課題対応的生徒指導も不可欠である。

　学力中位で多様な進路に進む「進路多様校」では，学業や興味関心などにおいて多様なニーズが存在する一方，学校に帰属意識を感じられない子どももいる。このため，教員同士が連携し，情報共有しながら課題予防的生徒指導を行う必要がある。さらに，子どもが学校生活での充実感が感じられるよう，互いのよさや可能性を引き出すための発達支持的生徒指導も必要である。

　進学率が低い「非進学校」では，規則重視の指導が行われる一方で，子どもの対人関係が非建設的になりやすい。また，不本意入学による不登校や中途退学のリスクも高い。このような学校では，社会生活で必要な規律やマナー等を学ぶ機会を提供するとともに，不適応を示す子どもの早期発見対応や困難課題対応など即応的・継続的（リアクティブ）生徒指導が必要である。

　さらに，現在では多様な子どものニーズに応えるため，高等学校には様々な形態が存在している（**表8-1**）。その中でも特に，オンライン学習を活用し，自分のペースで学ぶ通信制高校の人気が高まっている。このような学校には，不登校経験者や中途退学者など，多様な背景を持つ子どもが多く在籍している。そのため，子どもの学習ペースや個々の背景に応じた柔軟なサポートを提供することが重要である。こうした支援を通じて，子どもが心理的な安心感を得るとともに，学習意欲を高められる環境を整えることが求められている。

3 高等学校におけるチーム学校による生徒指導体制

　配慮が必要な子どもを支援するためには，教職員やスクールカウンセラーな

125

第8章　配慮が必要な子どもの理解と対応

表8-1　多様な高等学校の形態

課程・学科など		説明
全日制	普通科	・幅広い基礎学力を養うため，進学をめざす学生が多いが，就職希望者もいる。 ・「スーパーサイエンススクール（SSH）」や「デジタルトランスフォーメーション（DX）ハイスクール」などに指定される先駆的な学校も存在。また，不登校経験者などを対象にした学校もある。
	専門学科	・農業，工業，商業，水産など専門分野の知識・技能を学ぶ。近年，スポーツ，芸術，IT分野など新たな専門性を提供する学校が増加。 ・進路先は就職だけではなく，専門分野への進学も多い。
	総合学科	・普通科目と専門科目の両方を選択できる柔軟なカリキュラム。 ・進学や就職など多様な進路選択に対応。
定時制		・昼間・夜間など多様な通学形態を持つ。 ・社会人や留学生など幅広い年齢層が学ぶ環境。 ・進学，就職，職業スキルの向上など様々な目的を持った学生が在籍。
通信制		・自宅学習を基本とし，スクーリング（登校日）やオンライン授業を通じて学ぶ。 ・不登校経験者や働く学生をサポートする仕組みが整備されていたり，学習指導や進路相談の支援を行うサポート校を設置している高校もある。
中高一貫校		・中学から高校までの6年間一貫教育。 ・長期的な教育計画により，学力やスキルの向上をめざす。 ・大学進学やキャリア教育，国際教育に特化した学校も存在。

どの専門家が，互いの能力を発揮し，様々な関係機関と連携して取り組む「チーム学校による生徒指導体制」が求められる（文部科学省，2022a）。特に高等学校の場合，小学校や中学校と比較するといくつかの違いが見られる。

　ひとつは「子どもの多様性」である。高等学校では学びの選択肢が広がり，学業や興味関心などの多様性が顕著となる。配慮を必要とする子どもも複雑な背景を抱えていることが多いため，BPSモデルによるアセスメントとともに教職員や専門スタッフ間の連携を調整するコーディネーターの役割は重要である。

　次に挙げられるのが「進路指導の重要性」である。高等学校では進路選択が大きなテーマであり，進学や就職にむけた具体的な進路指導が重要な役割を果たす。進路指導は，将来のキャリアに直結するため，配慮が必要な子どもの個性や特徴に合わせた指導・支援には専門的知識や関係機関との連携が必要となる。

最後に挙げられるのは，「自立性の育成」である。成人年齢が引き下げられた現在，高校生には，より自立した行動や自己決定力が求められている。そのため，子ども一人ひとりのニーズに応じた支援が必要であり，特に配慮が必要な子どもには，自立性を育むために，多職種連携によるきめ細かい支援が求められることもある。

4 クラスづくりの必要性

配慮が必要な子どもが安心して学校生活を送るためには，クラスづくりが重要である。日本の教育現場においては，学習活動が主に学級集団を基盤として展開されるため，その状態が子どもの日常生活や学習への取り組みに大きな影響を与える。クラスが子どもにとって安全で安心できる場所となることは，学習意欲を高めるうえで重要であり，同時に子どもの自己肯定感や所属感の醸成にも寄与する。そのためには，互いに支え合い，協働する風土を育むことが極めて大切である。教師はクラスのルールを確立し，子ども同士のリレーションを活性化する中で，学級の「安定度」と「活性度」を高める努力が求められる（河村，2022）。このプロセスを通じて，クラス全体が一体感を持ち，子ども同士の信頼関係が構築されることが期待される。

さらに，配慮が必要な子どもへの対応には，教師がそのニーズを的確に把握することが不可欠である。例えば，発達段階や家庭環境に起因する課題に直面している子どもに対しては，集団指導だけでなく，個別指導を柔軟に組み合わせることが求められる。

教師はクラスの状況や子ども一人ひとりの状況に寄り添いながら，適切な支援を行う役割を担う。特に高等学校には，発達段階に応じた課題に取り組めない子どももいるため，それに応じた支援策を工夫することが必要である。こうした取り組みの中で，小学校や中学校での教育実践を参考にすることも有効である。他校種の成功事例を取り入れることで，高等学校の学級運営に新たな視点をもたらすことができる。

column	
3	**家庭に問題をもつ子どもへの 教育相談的な支援**

　人々の生活様式や意識は多様性に富み，かかえる課題もさまざまである。働く親が子育ての時間不足に頭をかかえたり，専業主婦が休みなく続く子育ての中で孤立し，悩んだりする。周りの人の助けを受けながら子育てする親もいる一方，一人でかかえ込み，自身を追い詰めてしまう親もいる。離婚などにより，仕事と子育てを一人で担うなど，サポートをより必要としている親もいる。

　家庭教育は，すべての教育のスタート地点であり，基本的な生活習慣・生活能力・豊かな情操・思いやり・善悪の判断などの基本的倫理感・自立心や自制心，社会的なマナーなどを子どもが身につける上で重要な役割を果たす。しかし，近年の都市化，核家族化，少子化，地域の関係性の希薄化など，家庭を取り巻く社会状況の変化の中で，家庭の教育力の低下が指摘されている。

　子どもの問題解決に向けては家庭との連携が必要不可欠であるが，子どもや保護者に会えない，保護者と連絡がつかない，保護者が精神疾患に悩んでいる，養育環境が不適切である，など家庭の問題により膠着状態に陥るケースがある。そのようなときに活用したいのが，第三者として家庭や関係機関と学校をつなぐ役割を果たすスクールソーシャルワーカー（以下，SSW）である（第15章参照）。以下に SSW の活用により，効果的な支援を実施できた事例を紹介する。

1．家庭における虐待に対する支援事例

　年度当初，学級に男子小学生 A が転入してきた。A の母親は夫からの DV で離婚をしており，当時は児童相談所の一時保護を受けていた。現在は A は母親，兄，妹と同居している。A は発達障害の診断を受けており，興奮すると友達に暴言・暴力をふるうなど学級内でトラブルを起こすことも少なくなかった。

　5月末，SSW の派遣が始まり，A と母親それぞれと面接し，学級の様子も参観した。放課後はケース会議を開催し，管理職，学級担任，学年主任，特別支

援コーディネーターと支援の手立てや環境づくりを検討し，支援を開始した。

その後，少しずつ学校生活に適応し始めたが，11月に母親によるＡへの虐待が発覚し，Ａの話をSSWが聞き取った。すぐに児童相談所の相談員が来校し，SSW同席のもと児童面接を行った。その後，両者でＡの家庭を訪問し，事実確認を行い，一時保護にいたった。3学期が始まるとすぐに学校，児童相談所，子ども福祉課でケース会議を開催し，養育環境を整える支援体制づくりを確認して保護解除となった。その後もSSWの訪問日に，Ａとの面接，母親面接，教師との検討会議を継続した。さらに，社会福祉協議会もケース会議に参入し，情報共有を行った。その後，Ａの学校生活への適応が改善された。

2．家庭に問題をもつ子どもへの不登校支援の事例

中学2年生のＢ（男子）は，9月ごろから欠席が増え始め，10月には週に1回程度しか登校できなくなった。Ｂは母子家庭で母親と兄，姉の4人で暮らしていた。Ｂは担任との面談で，家庭の経済面や母親の健康面での心配，兄と姉からの言動のストレスなどについて話した。それから，学校（管理職・担任・特別支援コーディネーター）とスクールカウンセラー，SSWが連携して支援計画を立て，役割分担を行い，支援を開始した。Ｂの登校日は面談日とし，スクールカウンセラーはＢと面談，SSWは母親の家庭の相談にのるというように，Ｂと母親の面談を同時に実施した。そのことで家庭の状況がよく把握できたとともに，Ｂの「いろいろな人が味方でいてくれる」という安心感につながった。1か月後には登校日が増え始め，その後，安定して登校できるようになった。また，学校生活においても，授業や対人関係においても改善が見られた。

上記の例からも分かるように，SSWは学校や家庭，関係機関とのコーディネーターの役割を果たし，特に家庭に問題がある子どもに対する支援では重要な存在となる。しかし，あくまでも学校がSSWをどう活用するかが大切で，校内の支援体制が重要である。各学校はそれぞれの学校現場の状況に基づいてニーズに合うようにSSWと連携し，効果的な成果が得られるよう留意したい。

第9章

障害のある子どもの理解と対応

第1節　特別支援対象の子どもの現状

1　特別支援対象の子どもたちの増加

　文部科学省（2006-2022）の特別支援教育資料を見ると，特別支援学校・特別支援学級の在籍者数，通級による指導を受けている子どもの数は増加の一途をたどっている。発達障害の可能性がある子どもは，2002年の文部科学省調査では，小・中学校の通常学級に6.3％，2012年調査では6.5％（小7.7％，中4.0％），2022年調査では8.8％（小10.4％，中5.6％），新しく調査に加えられた高等学校では2.2％と発表されている。小学校では30人学級に3人以上在籍していることになる。共生社会に向けたインクルーシブ教育の推進を進める教育現場では，特別支援教育対象の子どもの増加という現実に対応していくことが求められている。

　本章では発達障害をかかえる子どもたちへの対応を見ていく。

第1節　特別支援対象の子どもの現状

2 発達障害の特徴

発達障害には以下のような3つの特徴がある。

(1) 周囲に受け入れられにくい

「外見からの課題の見えにくさ」によって一見問題ないように見えるため，本当はうまくいかなくて苦しんでいても，周囲からは「怠けている」「反抗的である」などと誤解されやすく，支援の開始が遅くなることもある。子どもがかかえている困難さを周囲が理解して対応しきれず，本来かかえている困難さとは別の二次的な情緒や行動の問題（二次障害）が出てしまう。

(2) 症状が環境に左右される

発達障害の症状は，置かれる環境や対応の仕方によって，外見上の症状が大きく変化する。そのため，受け入れる側の環境を調整することは，発達障害の子どもへの対応を考えるときの重要な視点となる。

(3) 表れる症状は個別である

発達障害は，程度に差はあるものの，多くの場合は重複して存在する。ASD（自閉スペクトラム症）の子どもに，ADHD（注意欠如・多動症），LD（学習障害）などが重なることは珍しくない。知的障害，発達性協調運動障害，チック障害などが併存していることもある。もちろん，発達障害以外の二次的な障害が併発していることもある。一人一人の発達障害者には定義にそのまま当てはまるような典型は少なく，10人いれば10人分の症状が現れている。

3 二次障害の対応

「二次障害」とは，個々の発達障害そのものの生来的特性のうち著しい困難や問題になっているものを「一次障害」と呼ぶのに対し，出生直後から始まる子どもの養育環境やその外部の環境との相互作用の結果として生じる新たな困難や問題を指し示すための概念である（斎藤，2014）。

学校現場では，発達障害のある子どもはアンバランスさに気づかれにくく，行動問題や不登校の二次障害が起きてしまった後で，対症療法的な対応がされ

第9章　障害のある子どもの理解と対応

がちである。二次障害は，子どもが安心して生活することができる環境へと改善を図ることで，比較的短時間で改善する可能性もある。自己肯定感や自尊感情が高まる支援を工夫するとともに，二次障害を生起させないような予防的対応を常に意識しておくことが重要である（国立特別支援教育総合研究所，2012）。次節から，学校段階ごとにみていく。

第2節　小学校

　集団生活が本格的に始まる小学校で，集団になじめないなどの問題として発達障害が顕在化する子どもは多い。「学校と家庭の協働」や「受容的な集団づくり」により早期に環境を整えることが重要である。

1 保護者の理解を得る

　早期発見，適切な早期対応が予後の安定につながることは確かだが，教師がことを急ぎ過ぎて保護者との関係をこじらせてしまい，適切な対応から遠ざかる例も少なくない。発達障害の子どもをもつ保護者の心理に寄り添い，保護者が自己選択できるように支援する必要がある。5つの重要なポイントを述べる。

⑴ 信頼関係を構築する

　会話の機会を多く設けたり，連絡帳を活用したりするなかで，子どものできるようになった点や，成長について情報交換を行い，相談しやすい関係性を築きたい。「こんなことがあるんですけどどうしたらよいでしょうか」と保護者が気がかりな点を相談してきたときが最大のチャンスとなる。過去に専門機関に相談してよい結果につながった例を紹介したり，今後の支援について連携をとることの意味を説明したりしながら，支援方法を話し合うことが大切である。

⑵ 教職員全員の共通理解のもとで保護者に伝える

　全体で情報共有することで，過去に経験した事例から対応を考えることが可能である。また，学校全体の認識を統一させることで，それぞれの教師が異な

第2節　小学校

る対応をして保護者を不安にさせるのを防ぐことができる。

⑶ 保護者の気持ちの揺れを受け止める

　保護者が問題意識（不安や悩み）をもっていない場合や拒否する場合に，特に必要な対応である。学校での子どもの様子を丁寧に説明した上で，心配していることを伝えるようにする。容易には受け入れられない保護者も多いので，時間がかかることを念頭に，気持ちの揺れを受け止めることが大切である。一般に，障害と向き合うには，下のような過程をたどるといわれている。

【一般的な障害の理解の過程】ショック→否認→怒り・抑うつ→受容→再起

⑷ 専門機関や医療機関を勧める場合，専門家からの意見を伝えてもらう

　スクールカウンセラーや養護教諭，自治体ごとの発達障害支援センターなどと連携するとよい。担任から言われると，我が子にレッテルを貼られ，突き放されたように感じてしまう保護者も，子どもの指導に直接かかわらない専門家からの意見は，聞き入れてくれる場合も多い。

⑸ 問題を先送りにしない

　教師は，障害に対する気づきを保護者に伝えることに心理的負担を感じるため，「ちょっと元気すぎるだけで心配ないでしょう」などと，やり過ごしてしまいがちである。しかし，問題を先送りされた子どもや保護者が，中学校でつらい思いをすることは多い。無責任な先送りの対応は，避けなければならない。

２ 個人と集団の関係へのアプローチの必要性

　「人の中で人は育つ」という言葉がある。日本の学校教育には，集団で生活し，学び合うことを通して，人間関係の中で人を育てるという特色があるため，集団を動かしながら，すべての子どもを育てていかなくてはならない。現在，発達障害やその疑いがある多くの子どもたちが通常学級に在籍している。学級集団全体への指導と個別の指導が別々に行われるわけではない。人と人とのかかわりを中心に据えながら，個への支援を行いつつ，受容的な集団をつくっていく必要がある。重要なのは，「個を育てつつ周りを育てる」ことと「周りを

第9章　障害のある子どもの理解と対応

育てて個も育つ」というように，関係へのアプローチを考えていくことである。

3 具体的な支援のポイント

(1) 学級の状態と個のかかえる困難をアセスメントする

　子ども個人への対応と学級集団全体への対応のバランスや優先順位を考える上で，個と学級集団の両方をアセスメントすることは欠かせない。

　個のかかえる困難さを把握するために WISC や K-ABC などの検査が実施できれば有効な情報が得られるが，保護者の理解が得られず実施できない場合も多い。そのような場合でも日常の記録を蓄積することで理解と支援につながる。どのような場面で，どのような困難を示したのか，あるいはうまくいったのかを把握した上で，環境を変更・調整して子どもの困難の軽減を図るのである。

　学級の状態は，環境の１つであることから，その子を含めた集団の状態を把握する必要もある。学校現場では，学級集団の状態を把握するために Q-U が多く使われている。

(2) 集団に位置づかせる対応

　特別支援対象の子どもがしっかりと位置づいている学級の授業では，自然に拍手が湧き起こったり，「ありがとう」「だいじょうぶだよ」「がんばったね」などの言葉がかけられたり，教室内が温かい雰囲気で満たされている。そうした雰囲気の中で学ぶ子どもは喜びを感じながら成長できる。特別支援教育がうまくいっている学級をいくつか観察してみると，教師の対応に共通点があることに気づく。個別対応と集団対応の両立に懸命になっている教師は多いが，うまい教師は，それらを別々には行っていない，ということである。前項で述べた，個人と集団の関係へのアプローチに対応するもので，個別対応と集団対応が混然一体となっているのである。

　例えば，学級全体に指導するとき，特別支援対象の A くんに視線をやり，意識を向けさせてから話したり，一目で理解できる掲示物を示したり，全体対応の中に A くんへの個別対応がさりげなく含まれている。また，A くんに個別対応しているときも，ほかの子どもがそのやりとりを見ていることを意識し

ている。「そういうふうに対応すればいいのか」、「Aくんって、そういう捉え方をするんだな」など、周りで見ている子どもが自然とAくんを理解したり、対応の仕方を学んだりするのである。特別支援対象の子どもを学級に位置づけせるためのこうした対応を、「架け橋対応」と呼ぶ。うまい教師はもれなく、この架け橋対応を行い、個別対応と全体対応を同時に推進している。全体対応－架け橋対応－個別対応の3層対応（**図9-1**）こそが、特別支援を特別にしないためのインクルーシブな視点による対応である（深沢, 2017）。

架け橋対応を行う教師の役割に、特別支援対象児と学級集団（小さな社会）をつなぐアドボカシー（代弁する、通訳する）がある。インクルーシブ教育がめざす共生社会のキーワードは「多様性の尊重」である。そのためには相互理解が必要となるが、メンバー間に考え方や言語の相違があれば、大きな障壁となる。この障壁を乗り越えられる程度にまで下げる役割を誰かが果たさなければならない。学級内でこの役割を果たすのは学級担任以外にいないのである。

図9-1 全体対応－架け橋対応－個別対応の3層対応（深沢, 2017）

第3節　中学校

1 中学校生活における課題

(1) 小学校生活からの大きな変化

中学校では、教科担任制や部活動、進路選択など、主体性や協働性を求めら

第9章　障害のある子どもの理解と対応

れる場面を多く体験することになる。教科担任制では，教科ごとの教室移動や準備があり，担当教師ごとに指導方法が異なる。見通しをもって時間割通りに動くことや，持ち物の管理などが障害特性から苦手な子どもにとっては，多くの失敗を経験する可能性がある。部活動では，個々の部活によって異なる雰囲気があり，ASDの子どもが苦手といわれる暗黙のルールの理解や空気を読んだ行動が求められるかもしれない。学習内容の難化や定期テストの存在，受験などの進路選択も，実行機能に困難があるといわれるADHDやASDの子どもにとって問題となることが多い。また，特定の学習領域に障害があるLDの子どもにとって，学習領域の重複の影響が大きくなる。例えば，読字の障害がある子どもが，国語だけでなく，文章量が増えて複雑な問題を扱う社会科の授業でもつまずいたり，数学の障害がある子どもが，理科の計算でもつまずいたりすることである。

(2) 思春期における二次障害

思春期・青年期と呼ばれる10代から20代初期にかけての十数年間は，精神障害発現の大きな峠にあたる。一般的に精神障害への親和性，あるいは脆弱性が増加する時期でもあるとされており，発達障害の子どもが二次障害を発現しやすい年代といえば，10歳から17歳くらいまでの思春期にほかならない（齋藤，2009）。発達障害の二次障害の主な症状としては，うつ・適応障害・睡眠障害・引きこもり・不登校などさまざまである。二次障害を防ぐためには，教師が障害と障害から派生する個別的な困難を理解すること，子どもがかかえている周辺環境（例えば，子ども同士やほかの教科担当教師との関係）での問題を早期に察知し支援すること，そして，子ども自身に障害理解を促し，より自立した生活に導くための支援をすることが求められる。

2 具体的な支援のポイント

(1) 一貫した支援体制の構築

障害はなくなるものではなく，長期にわたるサポートが求められる。中学校での支援は，小学校での支援状況を引き継ぐことが第一歩となる。診断や過去

のアセスメントから子どもを理解することが重要である。また，それぞれの障害特性と，環境との相互作用から起こる困難に対応するため，教師には最低限の知識が求められる。そして何より重要なのは，本人のニーズを把握することである。ただし，発達障害のある子どもは，自身のニーズをうまく伝えられない場合もあるので，自己決定や合理的配慮の申請に向けた練習が必要である。

　一貫した支援のために，個別の教育支援計画を作成することが求められる。必要な支援やうまくいった支援を記録し，子どもを支える情報を集約したサポートブックを作成し，今後の支援につなげていくのである。

(2) 障害特性と二次障害へのアプローチ

　発達障害の子どもが二次障害を発症した場合，根底となる発達障害への支援と二次障害への対応が同時進行となる。教室内で支援を行う場合は，障害特性とその特性を土台とする子ども個々の困り感を理解することが求められる。

　ASD のある人では，視覚・聴覚・触覚・味覚・嗅覚・痛覚・温覚・冷覚などの感覚刺激に敏感だったり，逆に鈍感だったりすることがあり（梅永，2007），よく使用されている診断基準（DSM-5）に「感覚刺激に対する過敏さまたは鈍感さ，または感覚的側面に対する並外れた興味」が表記されるようになった（熊谷，2017）。そこで例えば ASD の「感覚過敏」について対応する場合は，根底となる障害特性へのアプローチとなる。感覚の過敏を教室の中で支援する場合，まず対象の子どもがどのような感覚刺激に過敏なのかを同定する必要がある。蛍光灯の光や水槽のポンプの音など，教室内には過敏の原因となる刺激があふれている。活発なクラスの雰囲気が苦手な子どももいる。対人的な困難が感覚過敏の二次障害として発現している場合にも教師はその根底となる障害特性の理解が求められる。

3 その他の困難をかかえる子どもの現状

　教科書バリアフリー法の一部を改正する法律が2024年7月19日から施行され，音声教材等の教科用特定図書等を発行する者が日本語に通じない子どもに音声教材等の教科用特定図書等を発行する場合にも，教科書デジタルデータを

第9章　障害のある子どもの理解と対応

提供することができるようになった。つまり，日本語に通じない子どもに対しても音声読み上げ等の支援を展開することが可能となったのである。

2024年6月23日に「性的指向及びジェンダーアイデンティティの多様性に関する国民の理解の増進に関する法律」が公布・施行され，性的マイノリティに対する積極的な理解や支援が求められている。一方で性的マイノリティの子どもは，学校におけるいじめや不適応の問題が報告されている。

文部科学省（2016）は，「性同一性障害や性的志向・性自認に係る，児童生徒に対するきめ細かな対応等の実施について」を通知している。この通知では，自殺念慮の割合が高いことが指摘されている性的マイノリティについて，無理解や偏見がその背景にある社会的要因の1つであると捉えて，教職員の理解を促進することを目的の1つとしている。

4 すべての子どもの支援レベルに応える

文部科学省（2017）は「発達障害を含む障害のある幼児児童生徒に対する教育支援体制整備ガイドライン」の中で，医師による障害の診断がないと特別支援教育を行えないというわけではなく，子どもの教育的ニーズを踏まえ，後述の校内委員会などにより「障害による困難がある」と判断された子どもに対しては，適切な指導や必要な支援を行う必要があることを示している。障害をICF（国際生活機能分類）に基づく社会モデルで捉えるのであれば，日本語指導が必要な子どもや性的マイノリティの子どもに対する支援も行える可能性がある。教師はすべての子どもの個々のニーズに応えることが求められている。

第4節　高等学校

高校生は思春期・青年期特有の心身の発達や自己同一性形成の時期に当たり，自分の個性に気づき，生き方に悩みながら自己理解を深めていく。しかし，発達障害のある子どもは社会性や対人関係に関する能力の弱さがあるため，他者

第4節　高等学校

とのかかわりなどから形成される自己解決能力が育ちにくい面がある。幼児期では発達障害の基本特性が主な問題となるが，学童期の後半から集団生活での適応の問題が大きくなり，思春期や青年期では対人関係や自己実現が問題として生じてくるのである（堀，2015）。

1 高等学校における特別支援教育の現状と課題

　令和5年度特別支援教育体制整備状況調査（文部科学省，2024）によれば，「校内委員会の設置」「実態把握」「特別支援教育コーディネーターの指名」などの校内支援体制は義務教育と比較すると低い数値であるものの着実に整備が進んできている。しかし，校内支援体制が構築されていてもそれが十分に機能していなかったり，特別支援教育を担うのが特別支援教育コーディネーターや担任，養護教諭などの一部の教員に限られたりと，すべての教師が連携して学校全体で支援する方向性になっていないことが課題である。また「個別の教育支援計画」や「個別の指導計画」の作成は義務教育に比べて低い数値に留まっている。これらは大学入学共通テストの合理的配慮のエビデンス資料となるなど今後さまざまな合理的配慮の根拠として必要性が高まると予想される。

　以上のような高等学校の遅れの背景には，高等学校教師の特別支援教育に関する知識や理解についての周知がまだまだ不足していること（国立特別支援教育総合研究所，2012）や，これまで高等学校に特別支援学級や通級指導教室が存在せず，蓄積がないことなどが考えられる（小田，2017）。

　2018年から高等学校で「通級による指導」が開始された。しかし，「特別の教育課程」の編成や担当する教師の育成，自立活動の具体的指導のあり方などが新たな課題となっており（小田，2017），通級による指導を受ける子どもの自尊感情にどのように配慮するかも課題となっている。子ども本人や保護者への十分な説明を行い，理解を得た上で支援を進めることが重要となる。

　高等学校では発達障害などの困難のある子どもは約2.2%在籍するが（文部科学省，2022），多様な設置形態，学科や課程の特色の違いなどの学校種により，子どもの困難やニーズは大きく異なる。実態把握を行って子どものニーズ

第9章　障害のある子どもの理解と対応

を明確にし，それぞれの学校の実態に即した支援体制の構築が求められる。

　さらに，小・中学校とは異なり，高等学校では通学地域が広域になって市町村をまたいで子どもが入学してくる。そのため出身中学校や行政・福祉などの関係機関との連携がむずかしくなるという問題がある。それまで子どもを支えてきた地域のネットワークを活用し，途切れのない支援を行うために，中学校からの引継ぎを確実に行うことが効果的な連携につながる。個人情報に十分配慮しつつ，情報を教師全体でしっかり共有し，適切な指導・支援につなげたい。

② 高等学校における発達障害のある子どもの困難

　発達障害のある高校生は，障害特性の困難に加えて二次障害により学習・学校生活・進路など多くの面で「不全感」「無力感」「自分・他者に対する不信感」をかかえている者が少なくない。二次障害は高等学校においては単位修得の問題としてかかわってくる。例えば不登校により欠席日数が規定数を超えてしまった場合（高等学校では内規により単位修得のための欠課時数が決まっており，おおむね1/5〜1/3である），進級・卒業ができなくなる。また，問題行動から懲戒され退学となることもある。

　高等学校中途退学者の中には発達障害に関わる学校不適応の事由によるものも相当数，潜在していることが予想される（高橋ら，2007）との指摘がある。実際に，発達障害が疑われる子どもの不登校率（7%）は全国平均（1.6%）より高く，中途退学率（9.2%）も全国平均（1.5%）より高い（総務省，2017）。高等学校は原則教室での一斉授業に一定割合以上出席することが卒業単位修得の必須条件となる。これは義務教育段階で「特別支援学級」や「通級による指導」など個別の配慮を受けてきた発達障害のある子どもにとり高いハードルとなり，進路変更を余儀なくされることも多い。学校は教育の場としての機能のほかに，子どもと社会をつなぐ機能も有している。中途退学によって子どもとその家族が社会的なセーフティネットから切り離され，社会から孤立する危険もある。

第4節　高等学校

3 出口支援

　高等学校の特別支援教育において進路決定の問題は「学校適応」とともに重要な課題である。特に就労は，当人の自立と社会参加のために大きな意味をもつため計画的に個別支援を行うことが求められる。発達障害者の就労後の問題には，仕事そのものができないという技術的な問題，仕事ができないことによる意欲低下の問題，職場の対人関係の問題などのほかに，社会で生活していくスキル（ライフスキル）が不十分で仕事に支障をきたす例も多い（梅永，2012）。ライフスキルは，「基本的な生活習慣の確立」や「社会的な自立に向けて，自らの生活習慣を自分でつくる力の育成」という人間の態度や行動の基礎となるものであり，社会的自立や自己実現のために不可欠である（文部科学省，2010）。加えて，児童期には問題にならなかったパーソナル・スペースが思春期から問題となることもある。異性とのかかわり方を含めた性教育に関連するスキルもターゲットとなる。職場での定着を図るため，不足するスキルを補う指導が必要であり，目的とターゲットを明確にすることが効果的な支援につながる。

　そのほか，就労で必要と考えられるのは「わからないときには質問する」「相手の無理な依頼を断る」など周囲に自分で意思表明ができるセルフ・アドボカシーの育成である。これは合理的配慮の提供には「本人の意思の表明があった場合」とされているためであり，自分の障害特性の理解と受容を深めさせる支援も重要になる。また，就労や就職後の定着を図るため，関係機関につなげて，就労後も支援の継続を図ることも必要である。さらに療育手帳を取得することや障害者枠で就職することについての判断も大きな問題である。子どもの今後のキャリアを踏まえ，本人と保護者の理解を得ながら十分に時間をかけて検討していく。そのため教師・スクールカウンセラーなどの支援者は，保護者と信頼関係を醸成しながら連携して支援を行っていくことが重要となる。

141

column 4 障害種による支援のあり方

　文部科学省（2022）は，「知的発達に遅れはないものの学習面又は行動面で著しい困難を示す」子どもの割合は 8.8％であることを報告しており，その内訳は，「学習面」で 6.5％，「不注意」または「多動性 - 衝動性」で 4.0％，「対人関係やこだわり等」で 1.7％としている。8.8％の子どもの中でも，困り感は多様であることを意識する必要がある。

　教科書を使った学習における困難について例を挙げてみると，LD の子どもでは教科書の文字が読めないため学習内容を把握できない，ADHD の子どもでは教科書に注意を向け続けることがむずかしい，ASD の子どもでは蛍光灯の光や教室内の反響音が気になって教科書の内容に集中できないといったことが考えられる。教科書を読むという一つの行動においても，個々人の要因や教材・教室環境との相互作用から起こる困難は多様性がある。

1. 障害の捉え方の変化

　障害のある子どもへの支援を行う際に，心身の機能・構造上の「損傷」を「障害」とし，治療・訓練の対象とする「医学モデル」から「社会モデル」へ変化していることを理解しておく必要がある。「社会モデル」とは，障害を個人の外部に存在する種々の社会的障壁によって構築されたものとして捉える考え方である（文部科学省，2010）。例えば，車いすを利用している子どもが図書室で本を読もうとしたときに生じた，「本棚の間が狭くて通れない，本棚の上段の本が取れない」といった困難は，下肢の不自由ではなく図書室の環境との相互作用が障害となっている。文字を読むことができない LD や視覚障害の子どもについても，その子自身に学習困難の原因があるのではなく，文字による印刷物しか用意できない教師との相互作用によっておこる困難が障害となっているのであり，音声データや点字の資料で学習にアクセスできるのであれば，

障害は解消される。社会モデルの理解は，そのまま合理的配慮の適切な提供に
つながる。教師は基礎的環境整備を土台として合理的配慮の提供を的確に実施
することで，個人と環境の間にある障害を解消することが求められている。

2．指導要領における支援の手立て

　2017年改訂の学習指導要領に，障害のある子どもについて，学習の過程にお
ける困難に対する配慮の意図と手立ての例が記載されている。例えば，小学校
学習指導要領解説算数編には「文章を読み取り，数量の関係を式を用いて表すこと
が難しい場合，児童が数量の関係をイメージできるように，児童の経験に基づ
いた場面や興味ある題材を取り上げたり，場面を具体物を用いて動作化させた
り，解決に必要な情報に注目できるよう文章を一部分ごとに示したり，図式化
したりすることなどの工夫を行う」とある。読み書きに困難がある LD には動作
化の支援が理解の手立てになるかもしれない。選択的注意に困難がある ADHD
であれば，一部分ごとに示す支援が効果を示すだろう。また，視覚優位の学習
スタイルと言われる ASD には，図式化することが視覚支援として有効である。

3．支援可能性としての ICT

　複数の障害のある子どもが同一の学級に所属していた場合，ICT があれば，
多くの問題を解決できるかもしれない。肢体不自由，視覚障害や LD の子ども
に対して，マルチメディアデイジーなど音声読み上げソフトを使うことで問題
の一部を解決できる。教科書をめくることができない肢体不自由の子どもが教
科書情報の入ったタブレットを使用できれば，左右の簡単なスライド動作でペ
ージをめくれるようになる。授業に集中できないのであれば，板書を写真にと
っておき，授業内容の重要な部分を録音して落ち着ける環境で復習する。また，
授業の遠隔映像を映し出すことで，蛍光灯の光や教室内の反響音が少ない環境
で授業を受けることができるだろう。教師は障害種によって困難が異なること
を理解しておくことで，共通の環境整備や思いやりと個別の合理的配慮を明確
に分節し，適切な支援につなげることができるようになる。

第10章 不登校の理解と対応

第1節 不登校の理解と現状

1 不登校の捉え方と現状

「生徒指導提要」によると，不登校は「何らかの心理的，情緒的，身体的あるいは社会的要因・背景により，登校しない，あるいはしたくともできない状況にあるため年間30日以上欠席した者のうち，病気や経済的な理由による者を除いたもの」と定義される（文部科学省，2022）。

わが国では1960年頃，学校に行けない子どもの状態は「学校恐怖症」と呼ばれ，神経症論（分離不安説や自己脅威説など）に基づく捉え方をされていた。その後，学校に行けない子どもが増加し，個人の特性や生育環境の要因だけではなく，学校が子どもの実態に十分に対応できていないことを原因とする教育問題（学校病理説）として注目され始め，呼称は「登校拒否」へと変化した。1980年代後半に入っても不登校の数が増え続け，文部省は1992年に「不登校は誰にでもおこりうるもの」と捉えることの必要性を発表し，生徒指導上の問

第1節　不登校の理解と現状

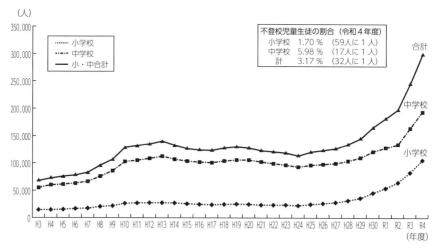

図 10-1　不登校児童生徒数の推移のグラフ

題としての深刻さを表明した。このころ，子どもが広く学校に登校していないという状態を捉える用語として，「登校拒否」から「不登校」という用語が使用され始めた。

　その後，不登校数はさらに増加し，背景要因も多様化・複雑化してきた。心因性だけではなく，遊びや非行によるもの，さらに2000年代後半からは，発達障害などの困難をかかえて対人関係や学習につまづくことが不登校の要因となっていることも指摘されてきた。不登校児童生徒数の年代的推移（文部科学省，2023）を図 10-1 に示す。

　不登校数の年代的推移は，世界的流行（パンデミック）となった新型コロナ感染症への国家的な自粛が始まるまでは，この30年間緩やかに増減してきたが，新型コロナ感染症への自粛が3年目となった2022年度の小中学校における不登校の児童生徒数は10年連続で増加し，30万人に迫る29万9048人で過去最多となった（文部科学省，2023）。小学生の不登校は10年前の約5倍，中学生は約2倍に増加した。

　ただ，不登校児童生徒数の年代的推移をみると，不登校児童生徒数の大きな増加はすでに新型コロナ感染自粛の3年前から兆候がみられており，過去最高

第 10 章　不登校の理解と対応

になった 2022年度の不登校数は，コロナ自粛の単純な影響というよりも，それ以前から子どもに根差していた問題が，コロナ自粛を機会に表出してきた面も否定できないのである。

2 不登校の関連法規・基本指針

　不登校の子ども数が増加し，背景要因もますます多様化・複雑化してきた状況に対応するため，2016年に「義務教育の段階における普通教育に相当する教育の機会の確保等に関する法律」（以下「教育機会確保法」）が成立した。

　さらに法律の施行にともない翌 2017年に文部科学省は，教育機会の確保等に関する施策を総合的に推進するため「義務教育の段階における普通教育に相当する教育の機会の確保等に関する基本指針」（以下「基本方針」）を策定した。

　基本方針では，不登校は取り巻く環境によっては，どの子どもにも起こり得るものとして捉え，不登校というだけで問題行動であると受け取られないよう配慮し，子どもの最善の利益を最優先に支援を行うことを重要としている。

　支援に際しては，登校という結果のみを目標にするのではなく，子どもが自らの進路を主体的に捉えて，社会的に自立することをめざす必要があることを指摘している。

3 不登校の要因

　不登校に至る要因も，2018年前後から固定していて，過半数が「無気力・不安」である（文部科学省，2018；2023）。「無気力・不安」は，実は不登校に至る背景に複合的な要因が絡み合っており，「具体的な原因を特定することは難しい」と，文部科学省も指摘している。

　無気力型の不登校の子どもは，全体的に気力がなくなっており，学校で頑張る意味もわからず，頑張っても無駄だと思っている面があり，自分でも不登校の原因が曖昧なことが多い。その背景には不安も関連しているのである。不安とは目の前に具体的にある恐怖ではなく，これから何かよくないことが起こりそう，そのときに私はうまく対処できないだろう，と悲観的に思いつめている

心情である。このような不安な気持ちは，学校が「安心できる場所」だと感じられていないことの表れでもある。

「無気力・不安」が要因の不登校は，すぐに問題解決ができるような不適応ではなく，より根の深い発達に関する問題があることも考えられる。その支援には問題解決的なものだけではなく，発達支持的なものも必要となるだろう。

第2節　不登校への対応

不登校の問題をかかえる子どもの支援に際しては，子どもが自らの進路を主体的に捉えて，社会的に自立することをめざす必要がある（文部科学省，2022）。発達支持的（1次的援助），課題予防的（課題未然防止教育と課題早期発見：1次的援助，2次的援助），困難課題対応的（3次的援助）な対応を，子どもの状況に応じて展開することが求められる。

1 発達支持的（1次的援助）な不登校対応

すべての子どもにとって，学校，とりわけ所属する学級・ホームルームを安全・安心な居場所にするための取組みが重要である。発達支持的な不登校対応の基盤となる学級集団づくりとは，子どもにとって学級が準拠集団と感じられるような状態に育成していくことである。準拠集団（reference group）とはクラスメイトとの親和的な人間関係が形成され，学級に愛着や親しみを感じ，自らその集団に積極的に参加したいと考えるようになる集団であり，子どもに「安心できる場所」だと感じさせるのである（第6章1節参照）。

さらに，日々の授業において，子ども一人一人の学習状況等を把握した上で，指導方法や指導体制を工夫・改善し，個に応じた学習指導の充実を図り，どの子どもも分かる授業・面白い授業を心がけることで，すべての子どもが，学業への意欲を高めることができるようにすることが大切である（第7章参照）。そのための指導として次のようなものがある。

第 10 章　不登校の理解と対応

- ●個別指導やグループ別指導
- ●学習内容の習熟の程度に応じた指導
- ●子どもの興味・関心等に応じた課題学習
- ●補充的な学習や発展的な学習などの学習活動を取り入れた指導

---

2 課題予防的（課題未然防止教育と課題早期発見：1, 2 次的援助）な不登校対応

(1) 課題未然防止教育

　不登校の課題未然防止教育として，一つは教師が子どもにカウンセリングマインドで対応していくことが求められる。子どもの心理状況を多面的に把握するための研修（事例検討会やその心理状態や適応感を可視化するツールの利活用の研修など）を定期的に行い，子ども理解の力量を高めるのである。

　もう一つは，子ども同士が建設的に交流し合えるように支援することが求められる。そのためには特別活動や授業の中にグループアプローチの手法，例えば，構成的グループエンカウンター，ソーシャルスキル・トレーニング，アサーション・トレーニングなども取り入れて，子どもの自律性や協同性，対人関係能力を向上させる開発的支援が期待される（第6章2節参照）。

(2) 課題早期発見

　不登校予防のみならず，学校生活のプラス面や困り感を発見できるように，面接法，観察法，調査法を活用することが求められる（第4章3，4，5節参照）。

　ポイントは，面接法では，子どもの本音が聴けるように普段からのリレーション形成が大事である（4章1，2節参照）。

　観察法では，子どもの小さな困り感もキャッチできるように，休み時間の様子，グループ内の細やかな人間関係の状況などの日常の様子を，ポイントを定めて丁寧に記録していくことが求められる。

　調査法は，子どもの行動には表れにくい深層心理面や，対面での面接では聞きにくい内容などを，相対的に抵抗が少なく，系統的に質問できるので，計画

第 2 節　不登校への対応

的に活用することが求められる。不登校の予防や早期対応に活用できるだけではなく，学級集団の状態に応じた授業やグループ活動の構成にも活用していくことが大事である。

3 困難課題対応的（3 次的援助）な不登校対応

生徒指導提要（2022）と「不登校児童生徒への支援の在り方について（通知）」（文部科学省，2019）をもとに，以下に対応のポイントを整理する。

(1) 校内での組織対応

個々の子どもの状況や支援ニーズについて，学級・ホームルーム担任や養護教諭，生徒指導担当教諭や教育相談コーディネーター等，そして SC，SSW 等とケース会議においてアセスメントを行い，支援の目標や方向性，具体的な対応策などを検討し，チーム支援の体制を構築して取り組んでいく。

(2) 家庭訪問の実施・家庭や保護者の支援

教職員自身が家庭訪問を行い，子どもに安心を与えることが求められる。本人と直接会えなくても保護者と話をするだけでも意味がある。

さらに，必要に応じて，関係機関等が連携したアウトリーチ支援や，保護者サポートも視野に入れた家庭教育支援を活用することも大事である。

(3) 校外の関係機関等との連携

学校内の支援だけでは不十分なケースでは，教育センター相談室，教育支援センター，フリースクール，児童相談所，クリニックなど，その子どもに合った関係機関につなぐことが必要になる場合もある。さらに，不登校特例校や夜間中学など，子どもを多様な学びの場につなぐ支援も必要である。

(4) 校種を越えた移行期における支援

幼稚園・保育所・認定こども園，小学校，中学校，そして高等学校という校種間の移行期は，不登校の支援においてきわめて重要となる。児童生徒理解・支援シート等を活用して，それまでの支援が途切れることなく，校種を越えた切れ目のない支援の実現が求められる。

149

第10章　不登校の理解と対応

| 第3節 | **不登校問題対応事例：小学校** |

　不登校の予防策として，小林（2004）は問題の早期発見，早期対応を挙げている。ここでは理由が明確でない欠席があった小学6年生の事例を紹介したい。

1 小学校での事例

> 　小学6年生のＡくんは学年初めの4月に理由が明確でない欠席が1日あった。保護者に連絡をとってみると，「学校で嫌なことがあるわけではないが，家にいたいと言っている」とのことであった。Ａくんに「何でも言ってよ。相談に乗るよ」と伝えても，「特にありません」と答えるのみであった。

　まず不登校の初期のサインとして現れることの多い体調不良・意欲の低下・学業の不振・友達関係の変化などのチェックをした。体調不良を訴えることはなく，テストの結果から学業不振も考えられなかった。クラス替えにより友達関係の変化はあるものの，新しい友達もいて休み時間に遊んでいる様子が見られた。また，きちんとノートをとったり，発表したりしており意欲の低下も見られなかった。これらのことから，Ａくんに急速な個別対応が必要との判断にはいたらず，また保護者や本人も特別な対応を求めていない状況であった。

　そのため，個別対応でなく，まずは学級集団への対応でＡくんに応じた指導を実施することとした。そうすることで，Ａくんが特別な対応がなされていると意識することなく，Ａくんに合った対応が自然にとれると考えた。

　河村（2006）は，まとまりがある親和的な学級の必要条件として，ルール（対人関係に関するものや集団活動・生活をする際のもの）とリレーション（互いに構えのない，ふれあいのある本音の感情交流がある状態）の2つの要素が同時に確立していることを挙げている。学級集団全体への対応の中で，Ａくんにも合った指導として以下のことを行った。

150

第3節　不登校問題対応事例：小学校

(1) ルールの確立

- Q-U を実施し，嫌な思いを抱いている子ども一人一人と個別面談をして，嫌な思いの原因の聞き取りを行う。聞き取った内容からトラブルを解決させる。同じことが二度と起こらないように指導をした。
- トラブルが起こりそうなことを予見し，予告する。「恐ろしい悪魔の言葉というものがあります。いまこのクラスにこれを使っている人はいないと思うので話をします。悪魔の言葉とは人の悪口です。どうして悪口を言う人がいるのか。そして，そんな人がいたらどうやって対処したらいいか話をするよ」

(2) リレーションの確立

- 学級担任が毎朝，一人一人の子どもの名前を呼んであいさつをする。
- 宿題でほめる。基準を示し，どの子どもでもほめられるよう指導を行った。
- ありがとうカードを同じ班のメンバーに書いて渡し合う。
- 新しい遊び方を紹介し，いろいろな友達を遊びに誘うよう呼びかける。

　これらの対応により，学級内の子どもの被侵害感が有意に低下し，承認感が高まった。Aくんに関しても5月以降，理由が明確でない欠席をしなくなり，また，1学期末に「新しく友達になった人の名前を書いてください」というアンケートを行うと，6人の名前を書いており，友達関係の広がりがうかがわれた。

　不登校になる子どものタイプはさまざまで，個々に対応を考える必要がある。しかし本事例のように，学級集団への対応を通して該当の子どもに必要な指導をすることも可能である。

151

第11章

いじめの理解と対応

　文部科学省（2024）によると，公立の小学校では588,930件，中学校では122,703件のいじめが認知されていると指摘されている。これは小学校では91.1％，中学校では86.4％の学校でいじめが認知されていることになる。

　平成25（2013）年に「いじめ防止対策推進法」が公布された。この法律は，いじめの防止等のための対策を総合的かつ効果的に推進するため，基本理念を定め，国及び地方公共団体等の責務を明らかにし，並びにいじめの防止等のための対策に関する基本的な方針の策定について定めるとともに，いじめの防止等のための対策の基本となる事項を定めるものである。

　この法律に則り，教育現場ではいじめ問題への対策の徹底を図っている。「いじめ防止対策推進法」の第13条に，「学校は，いじめ防止基本方針又は地方いじめ防止基本方針を参酌し，その学校の実情に応じ，当該学校におけるいじめ防止等のための対策に関する基本的な方針を定めるものとする」とあり，各学校がいじめに関する学内での組織対応を策定しHP等で公開するなど，保護者や地域住民が確認できるようにし，またその内容を年度当初や入学時に子ども，保護者，関係機関に説明することとしている。なお，いじめの認定は，特定の教職員によることなく，第22条により「学校いじめ対策組織」を設置

152

して行うこと，また第23条には「いじめに対する措置」についての記載があり，学校全体でのいじめの防止・早期発見と対処について取り組むことが求められている。

さらに，平成29（2017）年には，「いじめ防止等のための基本的な方針」の改定とともに「いじめの重大事態の調査に関するガイドライン」が策定され，令和6（2024）年には改訂版も提起された。重大事態とは「いじめにより当該学校に在籍する児童等の生命，心身又は財産に重大な被害が生じた疑いがあると認めるとき。」，「いじめにより当該学校に在籍する児童等が相当の期間学校を欠席することを余儀なくされている疑いがあると認めるとき。」である。いじめを受ける子どもの状況に着目した判断が重要であることを示している。

第1節　いじめの様相

1 いじめの定義

1980年代後半にいじめを苦に自殺する事件が相次ぎ，社会問題として取り上げられた。この事態を受けて文部科学省は1986年から，いじめを，「①自分より弱い者に対して一方的に，②身体的・心理的な攻撃を継続的に加え，③相手が深刻な苦痛を感じているものであって，<u>学校としてその事実（関係児童生徒，いじめの内容等）を確認しているもの</u>。なお起こった場所は学校の内外を問わない」と定義した（下線は著者）。その後1994年には上記の下線部が削除され，「なお，個々の行為がいじめに当たるか否かの判断を表面的・形式的に行うことなく，いじめられた児童生徒の立場に立って行うこと（※）」という文言が追記されている。

そして従来指摘されてきた，被害者が固定化する「弱い者いじめ」の構造のみでなく，被害者と加害者が入れ替わるいじめも多く報告され，2006年からのいじめの定義は「①自分より弱い者に対して一方的に」の部分が修正され，

第 11 章　いじめの理解と対応

「当該児童生徒が，一定の人間関係のある者から，心理的，物理的な攻撃を受けたことにより，精神的苦痛を感じているもの。なお，起こった場所は学校の内外を問わない」と変更している（〈※〉部分は継続）。

　近年では，いじめ防止対策推進法の定義である，「『いじめ』とは，『児童等に対して，当該児童等が在籍する学校に在籍している等当該児童等と一定の人的関係にある他の児童等が行う心理的又は物理的な影響を与える行為（インターネットを通じて行われるものを含む。）であって，当該行為の対象となった児童等が心身の苦痛を感じているもの。』とする。なお，起こった場所は学校の内外を問わない」が定着している。このように，いじめの定義は幾多の変遷を経ており，いじめの捉えにくさとともに教師にとっては見過ごすことのできない問題であることを示している。

２ いじめの具体的内容

⑴ 直接的な攻撃

　いじめには種類がある。まず「けんかや意地悪」である。これは幼児期や児童期によく見られ，攻撃性の発揮や問題解決の手段が社会化されていないことから起こる。例えばきょうだいげんかや，友達同士のけんか，いじわる，からかいなどが含まれるふざけ合いがそれにあたる。以前は人間の発達過程でこれらのぶつかりあいはある程度必要であり，いじめとは捉えないという考えがあった。旧基本方針では「けんか」がいじめの定義から除かれていたが，現在はけんかに係る記述を改正（「けんかを除く」という記述を削除）している。つまり，単なるけんかに見えても見えないところで被害が発生している場合もあり，背景にある事情の調査を丁寧に行い，子どもの感じる被害性に着目して，いじめに当たるかを判断する必要がある。

　次に，一般的に言われる「いじめ」である。小学校以降に見られ，差別やねたみ，嫉妬，攻撃性などさまざまな感情から利己的に他者をいたぶる行為である。例えば嫌がらせ，落書き，物隠しなどが該当する。

　さらに，いじめが非行へとつながる「いじめ非行」がある。例えばかつあげ，

第1節　いじめの様相

恐喝，暴力，嫌がることを強要するなど内容が重篤になり，犯罪行為と認識される例もある。一般的に年齢が上がれば上がるほど教師などの第三者から発見しにくいいじめが多くなる。

(2) 関係性攻撃

関係性攻撃は，「仲間関係を操作することによって相手に危害を加えることを意図した攻撃行動（Crick&Grotpeter, 1995）」のことである。具体的には，敵対する子どもをグループから閉め出すために無視するよう呼びかけたり，悪い噂を流したりすることが挙げられる。つまり，関係性攻撃は直接的に叩く，蹴る，殴る，言語的に脅かすなどの攻撃をするのではなく，仲間関係へ働きかけることにより，間接的に危害を加える攻撃行動なのである。近年ではスマートフォンのアプリやSNSで，グループを外したり，攻撃の対象をぼかしたりして行われることもある。関係性攻撃はグループ外の子どもではなく，グループ内の子どもに向けられて行われることが多い。関係性攻撃が生じている仲間集団の関係は親密性が高いと同時に排他性も高い。このような集団の中で関係性攻撃を経験した場合，仲間関係に不安を抱き，その不安を解消するため，できるだけ自分と気の合う仲間とかかわり，仲間の意見や態度に従った行動をとろうとする。また，関係性攻撃という仲間関係のネガティブな操作は攻撃される子どもが気づかないところで行われることが多く，それゆえに仲間から自分はどう思われているのか，仲間が互いにどう思っているのかを非常に気にするようになる。関係性攻撃はその後の対人関係にも影響を及ぼすのである。

3 誰からいじめを受けていることが多いのか

子どもに「だれからいじめられているのか」について調査した（**図 11-1**，**図 11-2**）。結果，学級内のいろいろな子どもたちからいじめを受けていることが明らかになった。特定の相手から人知れず攻撃されているというよりも，学級内である程度常態化し，周知の中で行われ，いじめがいじめと認識されない状況もあると推測される。次に「仲のよかった人」からのいじめも多いことが明らかになった。子ども同士の友人関係は短いサイクルで変化していること

155

第 11 章　いじめの理解と対応

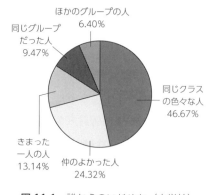

図 11-1　誰からのいじめか（小学校）
(河村, 2007)

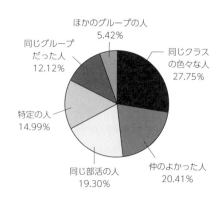

図 11-2　誰からのいじめか（中学校）
(河村, 2007)

も推測される。この結果から次のことが示唆される。

> ● いじめ行為は学級内で加害者意識の少ない中で特定の子どもに向けられることが多く、いじめと認識できないこともある。いじめの未然防止、早期発見、適切な対応をとれるように、学校組織全体で取り組むことが必要である。

4　いじめと学級集団

　学級アセスメントツール「Q-U」（第 3 節参照）を用い、子どもたちが所属している学級集団の状態といじめ問題との関係を分析した。

　「親和型」「かたさ型」「ゆるみ型」の 3 つの状態の学級集団において、小・中学生 100 人に対してのいじめの出現率を比較した（**図 11-3**、**図 11-4**）。小・中学校ともに、学級集団の状態によっていじめの出現率が大きく異なっていた。「ゆるみ型」学級集団のいじめの出現率の高さは注目に値する。「親和型」学級集団の出現率を 1 とすると、「ゆるみ型」学級集団は中学校で 2 倍、小学校では約 3.6 倍の出現率となっている。

　さらに、中学校では徐々に教師の指導が功を奏さなくなり、子ども同士で互いに傷つけ合う行動が目立ち始める不安定な要素をもった／荒れの見られる学

級集団（不安定型）についても検討している。「不安定型」になると，「親和型」学級集団の出現率の5倍になる。学級集団が崩れ始めるとあっという間にいじめ被害やトラブルの温床となっていくのである。

学級集団は最低1年間メンバーが固定され，学習や生活をともにする閉鎖集団である。集団内にフラストレーションが高まってくると，非建設的ないじめなどの行動にいたらしめる可能性を高める。この結果から次のことが示唆される。

- どのような学級集団でもいじめは発生する可能性があるので，教師はその発生を未然に防ぐべく，予防的な対応をする必要がある。
- 学級集団の状態によっていじめの発生率は大きく異なるので，教師は学級集団の状態を把握し，学級全体に対してアプローチすることが求められる。

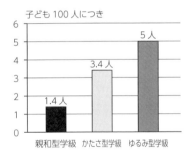

図11-3　学級タイプ別のいじめの出現率（小学校）（河村, 2007）

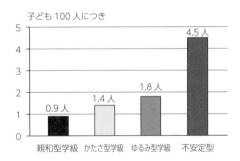

図11-4　学級タイプ別のいじめの出現率（中学校）（河村, 2007）

第2節　いじめへの対応

1　いじめ被害者への対応

いじめ被害を受けている子どもが発見された場合，その子どもの心身の傷つ

第 11 章　いじめの理解と対応

きに対し，十分なケアをする必要がある。文部科学省が1994年に「個々の行為がいじめに当たるか否かの判断を表面的・形式的に行うことなく，いじめられた児童生徒の立場に立って行うこと」と言及しているように，客観的にいじめがどの程度であったかという判断は関係なく，その子どもが感じた主観的な世界を捉え，つらさや苦しさを十分受け止めることが必要である。

　援助する親や教師が，「気にしないように」「自分の悪い点も考えるように」と迫ると，いじめられた子どもの心の傷は深くなることが多い。つまり，いじめられた子どもの傷は，自分の受けたいじめ経験とそれに伴うつらい感情や痛みを伴う身体感覚を正当なものと承認されないときに，二次障害となって心に刻まれていく。いじめ被害者が何よりも必要とするのは，親や教師からの助言や介入ではなく，自分に対して理解を示し，自分をありのままに受け入れてくれる存在なのである。

　さらに，いじめは単に謝罪をもって安易に「解消」とすることはできない。いじめが解決している状態とは，①被害者に対する心理的又は物理的な影響を与える行為が止んでいる状態が相当の期間（3か月が目安）継続している。②被害者が心身の苦痛を受けていない（本人や保護者の面談等で心身の苦痛を感じていないかどうか確認する），という2つの要件が満たされていることを指す。被害者に対しては「力になりたい。何かあれば言ってほしい」など，ニーズを確認し，丁寧に対応することが望まれる。

2 いじめ加害者への対応

　いじめ加害は大きく分けて以下のような4つの問題を背景にしている。

⑴ 心身の急速な成長への戸惑いに関連する思春期特有の問題

　身体的・心理的な変化に戸惑い，それにうまく対処できず攻撃性が高まり攻撃行動が表出する／同調性が過度に高まり，類似性を確認したいばかりに，異質な存在を排除しようとする，など

⑵ いじめ加害者の性格や養育環境を背景にした個人的な問題

158

欲求不満耐性が低く，心理的ストレスを解消するための手段として被害者を攻撃する／ねたみや嫉妬などの感情が生起した際に，劣等感を感じる相手を引き下げ，優越感を感じるなど自己評価を高める／相手を命令通りに動かすことで権力を得たような気持ちになり，満足を得る／親やきょうだい，友達などからすでに被害を受けていてそれを他者に仕返して復讐しようとする／コミュニケーションスキルが未熟で攻撃的にしか相手とかかわれない，など

⑶ 遊び感覚やふざけ感覚などいじめに対するモラルの低さに関する問題

遊び感覚やふざけ感覚で，被害者を笑い盛り上がる／いじめる理由は特になく，ないなら故意に理由をつくる，など

⑷ 集団からの圧力の問題

自分がいじめの被害者にならないために加害者側につく／いじめが常態化するにつれて集団に迎合し残酷なことも何とも思わなくなる，など

以上のことから分かるように，いじめ加害者にも心の弱さがあることを捉えながら対応することが求められる。どんな理由があって，いじめという行動をとらざるを得なかったのか，同じ過ちを繰り返さないためにどのような力を身につけていけばよいのか，子どもを理解しながら支援することが重要である。ただし，いじめをしたという事実をごまかさないことが必要である。その上で子どもの不安，焦り，怒り，怯えなどの思いを聞いていくのである。

3 組織的な対応

いじめ問題に対して，教職員がいじめに関する情報を抱え込み，対策組織に報告を行わないことはいじめ防止対策推進法第23条第1項に違反し得ることから，教職員間での情報共有を徹底し，「学校いじめ対策組織」などの校内組織を機能させる必要がある（文部科学省，2022）。また，いじめの内容によっては養護教諭，特別支援コーディネーター，保護者，SC，SSW，教育委員会，警察など学校内外の様々な専門家との連携協力を行う必要も生じる。学校組織全体でチームを組んで子どもを支援することが重要である。

第 11 章　いじめの理解と対応

第3節　学級タイプ別のいじめの特徴

　第4章第5節や本章第1節で，Q-Uについて解説した。親和型学級集団と比較してほかのタイプの学級集団では，いじめ問題の発生が有意に多いばかりでなく，タイプごとに特徴的ないじめが発生していることが報告されている。したがって，自分が担任する学級集団のタイプが把握できたら，そのタイプで発生しがちないじめについては，特に留意しておくことが必要である。本節では，Q-Uのフレームワークを用いて，学級集団のタイプごとに起こりやすいいじめの特徴を説明する（なお，崩壊型は学級自体に危機介入が必要なので取り上げない）（河村ら，2016）。

1　かたさの見られる学級集団

　この状態の学級集団は，学級内でできる子どもとそうではない子どもとが明確になりやすく，子どもの間で地位の高低が生まれやすくなる。

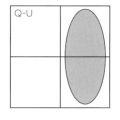

　このような学級集団の状態で留意すべき点は，次の2点である。

- 学級内で地位が低くなっている子どもがほかの子どもからいじめを受けている可能性が高い
- 学級内で地位が低くなっている子どもがいじめを受けていることに，周りが鈍感になりやすい

2　ゆるみの見られる学級集団

　この状態の学級集団では，学級規律が弱いため，学級が集団として不安定であり，小さなトラブルが起こりやすい。その結果，学級の内部に気の合う3，4人の子どもた

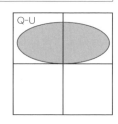

ちからなる小さなグループ（不安のグルーピングによるグループ）が乱立する。

　この小グループの特徴は，周りの子どもの攻撃から自分たちを守るために固まっているという側面があり，外に対して閉鎖的である。また，常に一緒に集まって同じように行動しているが，小グループ内の子ども同士のつながりは意外と弱く，同調する傾向が強く，子ども同士の関係は表層的である。

　そして，不安から自分たちは仲間であることを確認する行為が多くなる。代表的な行為は，仲間同士で秘密を共有する，共通する敵をもつ，ということである。このような小グループの特徴が，学級内にいじめを生む温床になる。

　この学級集団の状態で留意すべき点は，次の２点である。

- 外部からは仲がよさそうに見える小グループの中で，特定の子どもがグループ内のほかの子どもから継続的にいじめられている可能性が高い
- 小グループのリーダー的な子どもがほかのグループの子どもから攻撃されている可能性が高い

3 不安定な要素をもった／荒れの見られる学級集団

　この状態の学級集団は，人間関係の軋轢が日常化し，小グループ間の対立や離合集散が繰り返し起こりやすくなっている。このような非建設的な学級集団の状態が続いているとき，非建設的な言動を繰り返す子どもや小グループが強いパワーをもってくる。強いパワーをもった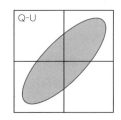
子どもが行ういじめとは，関係性攻撃によるいじめである。関係性攻撃とは，仲間関係を操作することで標的とする子どもに危害を加える攻撃行動である。

　近年はインターネットやLINEなどのSNSが使われることが多く，第三者からは見えにくい点が要注意である。

　この学級集団の状態で留意すべき点は，次の点である。

- 標的となる子どもが移っていく関係性攻撃のいじめが起こりやすい

第**12**章

非行問題の理解と対応

第1節 | 非行の背景

1 非行問題の歴史的経緯

　戦後からの非行問題の歴史的経緯に関して，犯罪白書（法務省，2023）によると，昭和期の少年による刑法犯の推移には，1951（昭和26）年，1964（昭和39）年および1983（昭和58）年に三つの大きな山がある。この背景はそれぞれ，敗戦による社会秩序の乱れ，高度経済成長期における工業化・都市化等の急激な社会変動に伴う社会的葛藤等の増大，豊かな社会における価値観の多様化・犯罪機会の増大など，社会情勢等の変化との関連で説明されている。

　平成期以降は少年による刑法犯は全体としては減少傾向にあり，2015（平成27）年から戦後最少を更新し続けてきた。しかし，令和に入ってから刑法犯の認知件数は2022（令和4）年に前年を上回り，児童買春・児童ポルノ禁止法違反や大麻取締法違反などは法施行以降最多や戦後最多を記録し，現在も高止まりや増加傾向が続いている（法務省，2023）。

162

第1節　非行の背景

　なお，児童相談所における児童虐待件数は，統計を取り始めた1990（平成2）年度から一貫して増加している。2021（令和3）年度も過去最高を記録し，20万7,660件（前年度比1.3％増）となった。児童虐待の罪名別では，特に，暴行や強制わいせつが顕著に増加している（法務省，2023）。

　警察庁の「2017（平成29）年における少年非行，児童虐待および子どもの性被害の状況」では，触法少年（14歳未満で罪を犯した少年）の補導数で「小学生」が「中学生」を上回った。これは学校での暴力行為で，小学生が2013（平成25）年以降増加している（文部科学省，2023）ことと関連している。

2 非行問題に対する包括的な対応の必要性

　刑法犯少年は，中学校から高等学校への移行期にあたる14歳から16歳までの年齢層で大きなピークがある。思春期や青年期は自分とは何者かを問い，社会の中に自己を自分なりに位置づける，情緒的に不安定になりがちな時期である。これを「発達的危機」といい，社会に広く存在する「遍在性」という。

　それに対して，精神障害や知的，発達などの障害という「基本的危機」をかかえた子どもや，貧困などの経済状態や夫婦不和や虐待問題を内在した機能不全家庭，あるいは教育環境として問題を有する地域での生育などの「個人的危機」をかかえた子どもがいる。これを社会の一部に偏って存在する「偏在性」という。こうした子どもには，医学的，福祉的な理解と対応が求められる。

　非行問題を理解するときは，対象の「遍在性」と「偏在性」を混同してはならない。一般的な「遍在性」の問題が「偏在性」の問題をあいまいにし，「偏在性」をかかえる子どもの問題が深刻化したり，「偏在性」の問題をかかえる子どもの行動が，一般的な「遍在性」の問題に揺れている多くの子どもに負の影響を与えたりする。マイナス面が増大するのである。

　このような状況を踏まえ，内閣府が主導して「子ども・若者育成支援推進法」が2009年7月に成立，翌年4月に施行された。これは子ども・若者育成支援施策の総合的推進のための枠組み整備と，社会生活を円滑に営む上での困難を有する子ども・若者を支援するためのネットワーク整備を主な内容とする。

163

第 12 章　非行問題の理解と対応

同法は，教育，福祉，保健，医療，矯正，更生保護，その他の関係機関などが行う支援を適切に組み合わせることにより，効果的かつ円滑な実施を図るため，地方公共団体に対して，「子ども・若者支援地域協議会」（以下「地域協議会」）を設置する努力義務を課している。

第2節　非行問題が引き起こされる要因

　同じ社会的状況下でも，非行にいたりやすい子どもとそうでない子どもがいる。非行が引き起こされる要因として，本人の性格的要因や環境的要因が従来から指摘されてきた。古典的な知見だが，問題を理解する枠組みとして現在でも参考になるので，以下に説明する。

1 性格的要因

　非行や犯罪にいたる人間の本人の性格について，「精神病質人格類型」として 10 の類型（Schneider, 1959）が指摘されてきた。精神病質人格は，「自己の異常のため自ら苦しむか，社会が煩わされるごとき人格」であり，この概念および類型はその後の国際的な精神障害分類（DSM および ICD）におけるパーソナリティ障害の概念および分類に継承（反社会性人格障害）されている（Schneider, 1934）。反社会的行動と非社会的行動に分けて，それぞれ結びつきやすい類型は以下のとおりである（宮田ら，1983）。

(1) 反社会的行動に結びつきやすい類型

- **意志欠如型**：持久性の欠如。自主性と継続性に乏しく，周りに影響されやすい。飽きやすく職場などで一定の努力を続けられない。

- **情性欠如型**：他者の苦痛や不幸に対して無関心。自己の危険・未来に対して無関心。他者に対する共感性が乏しく，後悔することも少ない。自分の利益のためには他人は関係ないという極端な自己中心性や，自分の身内以外の他

第2節　非行問題が引き起こされる要因

人は関係ないという拡大自己中心性が強い。

- **発揚情勢型**：すぐ興奮して暴力に訴えたりする自己抑制の欠如傾向。
- **自己顕示欲型**：自分を実際よりもよく見せようと見栄をはり，嘘をつき，周囲の注目を集める行動をとりたがる。
- **気分異変型**：不機嫌，抑うつ感，イライラなどの精神状態になりやすい傾向。感情の起伏が大きく気分が変わりやすく，衝動的な行動をとりやすい。
- **狂信型**：自分を特別な存在と確信し，自分の考えに固執する。
- **爆発型**：些細なことでもすぐ頭にきて攻撃する刺激型と，不快感がしだいにうっ積してあるとき突然大爆発を起こす興奮型に分かれる。

　「意志欠如型」と「情性欠如型」が非行少年に多い類型として指摘されている。特に「情性欠如型」は犯罪者の中核をなす心理的要因とされ，異常性格や反社会性が幼少期から認められやすい（養育の問題との関連性もある）。

⑵ 非社会的行動に結びつきやすい類型

- **抑うつ型**：孤独感や悲観感情，厭世観をもち，自ら悩む傾向がある。
- **自信欠乏型**：小心，内気，敏感で自意識が強く，他者の感情や評価を強く気にする傾向。被害妄想，敏感関係妄想に陥りやすい。
- **無力型**：神経質・心配性で，身体症状や神経症的な悩みをもつ傾向。

　⑵の類型は，薬物依存など自己破滅型の非行に向かいやすいタイプである。

2 環境的要因

　環境要因としては，家庭，地域社会，学校の問題などが考えられる。

⑴ 家庭環境

　非行を起こした子どもは，生育歴や学校生活の中で劣等感・疎外感・孤独感・自己肯定感や自己有能感の低さなど，否定的な自己イメージを形成していることが多い（総務庁，2000）。よい自己イメージは，身近で重要な他者（保護者，家族など）の適度な期待に同調し，その行動を重要な他者から賞賛され

第 12 章　非行問題の理解と対応

る経験を積み重ねる過程で獲得されるのが一般的である。よい自己イメージを
もった子どもは，自分はできるんだという自信をもつようになり，なにごとに
も前向きに取り組もうという姿勢や行動につながっていくのである。

　良好な自己イメージが形成されない，社会性が身につかない子どもの家族関
係として，次の4つのパターンが考えられる。

●愛情不足型

　保護者が育児放棄をしたり，日常の接触が不足気味であったり，保護者の愛
情表現が未熟だったりした場合，子どもは保護者の愛情を感じられず，良好な
自己イメージが形成されにくい。また，家庭で満たされない欲求の充足を求め
て，外部の反社会的集団に身を置きやすいことも知られている。

●過保護・過干渉型

　問題解決が必要な場面で，保護者が事前に介入して解決してしまうなどの傾
向があり，その場面の問題は切り抜けられても，子ども自身の問題解決能力は
育成されないのである。

●緊張・葛藤型

　夫婦間の不和，嫁姑関係の悪化など，家庭内に人間関係の問題がある場合，
家族が相互に相手の中傷を子どもにするなど，裏表のある関係が形成されるこ
とが多くなる。したがって家族関係は緊張し，子どもは情緒的混乱に陥ること
が多くなり，良好な自己イメージが形成されにくく，社会性の獲得も低下する。

●地域孤立型

　家庭が独特の価値観やコミュニケーションのとり方をもっていたり，地域社
会の規範に逸脱した生活を送っている場合，地域社会から孤立していく。子ど
もも家庭特有の価値観やコミュニケーションのとり方を学習するため，社会か
ら孤立したり，不適応になってしまうのである。

⑵ 地域環境

　社会の一般の人々がもつ価値観やコミュニケーションのとり方から逸脱した
下位文化の要素をもつ人々が相対的に多く在住する地域で育ってきた子どもは，

欲求階層の中でも食欲や性欲などを重視する価値観やコミュニケーションスキルをモデル学習している事例がしばしば見られる。このような子どもたちは下位文化に同調する結果，世間一般の社会や学校社会から疎外されることが多く，それを合理化しようとして，意識的に学校や社会で求められる規範の無視や逸脱行動，さらに非行にいたることなどが指摘されている。

⑶ 学校環境・学級環境

学校や学級環境で規範が成立していない，対人関係が非建設的になっているなどで，子どもにストレスや欲求不満が高まっていると，反社会的行動や非社会的行動が見られやすいことが明らかになっている（河村，2007a）。

以上のように，反社会的行動や非行が引き起こされる要因は1つではない。反社会的行動や非行にいたった子どもに対して，教師は問題行動の状況を理解するとともに，その背景として性格的要因と環境的要因を押さえる必要がある。

第3節　非行が見られる子どもへの対応

■1 非行が見られる子どものかかえる問題

さまざまな要因から非行が見られる子どもは，その根本に次のような問題をかかえている。この点を克服しなければ，将来，社会に適応し自立した生活をしていくことはむずかしいのである。

⑴ 悪い自己イメージを形成している

これまでの生活の中で，劣等感・疎外感・孤独感・自己肯定感や自己有能感の低さなど，否定的な自己イメージを形成していることが多い。その悪い自己イメージが「私は何をやってもダメなんだ」というような意識を生み，後ろ向きで，刹那的な姿勢や行動をとることにつながりやすい。

⑵ 意欲をもって自律した生活を維持し，自己管理する能力が低い

基本的な生活訓練の不足により早起き，あいさつなどの基本的生活習慣が身

第12章　非行問題の理解と対応

についていない，金銭管理能力の欠如により無駄づかいが多い，計画的に遊ぶことができない，暇つぶし的に時間を過ごしてしまう，などの傾向が見られる。

⑶ 他者とコミュニケーションを円滑に行う能力が低い

他者と円滑にかかわるためのソーシャルスキルが身についておらず，友達とけんかやいじめなどの暴力的関係や上下関係的なかかわりしかもてない，自分の衝動や攻撃性をコントロールできない，自分の言動が他者に与える影響を省みることができない，などの傾向が見られる。

⑴〜⑶は，前節で述べた反社会的行動に結びつきやすい類型の「意志欠如型」「情性欠如型」にもつながるものである。

２ 面接のポイント

反社会的問題が見られる子どもの前述の⑴と⑶の問題に対応するため，教師は面接で次のことに留意することが求められる（生島，1998）。

まず，反社会的問題が見られる子どもは，本人が悩むというよりも周りの人々が悩むことが多い。つまり，本人に面接に対する動機づけが低いのである。

次に，問題行動に結びついている性格特性や行動のパターン，あるいは背景にある不良交遊，不安定な学校生活，家族との葛藤などの状況に間接的に働きかけることになるので，効果が現れるまでに長い時間を要する点である。

したがって，第4章で解説した個別面接と構造は同じであるが，教師が面接に向かう心構えとして，次の点が大事である。

⑴ 動機づけの乏しさを前提として取り組む（面接に来ないのはふつうにある）

　・あきらめない，解決を急ぎすぎない

　・呼び出し面接になることが多いので，最初の抵抗の処理が大事である

⑵ 認知の偏りがあることが多いので，巻き込まれない，感情的にならない

　・教師を挑発する，攻撃することはふつうにあると考える

　・感情的，叱責口調にならず，丁寧語で端的に話しかける

⑶ 原因を家族や本人の気質・成育史の問題に帰属せず（解決につながらない），

第3節　非行が見られる子どもへの対応

現実の人間関係や生活環境の問題として問題解決志向で対処する

・アセスメントは問題行動の改善につながる方向で行う

・究極の目的は，本人の生活能力・対人関係能力の育成である

⑷ **断片的／稚拙な表現をする，体験したことが他人事のような子どもには，語る内容を十分に吟味することで，体験したことの意味を実感させる**

・「ムカツクとは，具体的にどういうことなの？　私にもわかるように，もう少し詳しく説明してくれないかな」のような粘りが求められる

⑸ **いろいろな内容を軽妙に語って，教師を煙に巻こうとする子どもには，適宜，要約をして，語った内容に筋道が通るように整理し，確認する**

・「いままで話してくれた内容は，……ということかな，この理解の仕方でいいかい」という具合に，確実に確認する

⑹ **本人の考え方に歪みや，話す内容に矛盾や自分の都合のいい解釈だけを繰り返す場合には，直面化させることによって，問題を再検討させる**

・「いい気になって態度がデカかったから，殴られるのは当然だ」と話す子どもに対して，「君にとっては当然かもしれないが，私にはそれが当然とは思えないな」「そのことについて，どう思う？」と問題の見方を考えさせる

つまり，反社会的行動が見られる子どもが憎しみや不信感（強がりや反抗的な態度）から脱し，自ら発達・自立していくことをめざして，長く継続的なかかわりを続けることが求められるのである。

3 計画的な予防・開発的対応の必要性

学校は矯正指導の機関ではないので，反社会的行動が見られる子どもへの基本的な生活訓練として，特別なプログラムを用意することはできない。教育活動全体を通して対応することになる。反社会的行動が見られる子どもの多くは，基本的な生活訓練の不足により，学校生活をほかの子どもと同じように過ごすこと自体がむずかしい。そのため，予防・開発的対応を基盤として，教師間で対応にぶれが出ないような校内体制を確立することが重要である。

169

第12章　非行問題の理解と対応

　教師の個別対応や全体の中での個別援助が功を奏すよう，次の2点が確実に行われていることが前提条件になる。

(1) 集団に対する対応

　1次援助の対応を確実に行い，学校や学級内に，非行を許さない雰囲気，規律のある生活・行動が行われる環境を確立する。

〈規範意識の学習〉

・道徳などの時間に非行行動の識別，人権や社会ルールについての学習を行う

・係活動や生活班の活動，行事などの参加を通して，ルールの中で生活する習慣を確立する，責任感を育成する

〈発達課題への予防・開発的な対応〉

・学級内の子ども相互の対人交流を通して，対人関係形成力を育成する

・教師と子どもの間に，子ども相互に社会的絆を形成する——構成的グループエンカウンターやソーシャルスキル・トレーニング（第6章参照）

---

(2) 個別の対応

　2次援助レベルの子どもへの個別対応を確実に継続的に行う。規範にそった行動を習慣化させるために，校内の教師たちの指導観や指導方針の共通理解と，教師たちの連携ある指導方法をシステム化する。

・子どもの逸脱行動を注意・指導して，その場の行動を正させる。さらにソーシャルスキル・トレーニングの要領で，学校のルールや社会規範にそった行動を持続的にとれるように対応していく

　全体指導の中で個別に配慮しながら，集団生活・活動の中で学級の子どもたちと一緒に行動する体験を子どもに積み重ねていくことが大事である。このとき，周りの子どもから適応的な承認感を獲得できるように，班活動でのグルーピングや活動形態には実態に即した工夫が求められる。子どもが学級集団の中で，自分の居場所が確保できるように援助していくのである。さらに，感情のコントロール方法（コラム5参照）などを学習させることも有効である。

170

| 第4節　非行が見られる子どもの発達段階ごとの特性

第4節　非行が見られる子どもの発達段階ごとの特性

⑴ 小学校

　小学生は家庭の影響が大きい。近年は，家庭でのしつけが十分ではなく，基本的生活習慣や対人関係のとり方，感情のコントロールができない子どもが増加している。2013（平成25）年以降，小学生の学校での暴力行為は増加している（文部科学省，2023）。家庭の協力を得ることはむずかしいので，小学校では前述の基本的なこと，特に対人関係の形成に対して，校内で組織的に対応ができるかがポイントになる。

⑵ 中学校

　中学2年生から高校1年生までの時期に，少年非行の大きなピークがある。最も深刻なのが暴力行為の問題である。思春期の心のゆらぎの中で，自分を強く見せるために暴力的になるのである。これらの問題の背景には，発達の問題（自己の確立や対人関係の問題など）が大きく根ざしている。近年は，スマートフォンやインターネットが発達し，それらのツールを利用して，発達の問題から逃避するなかで，非行との接点が高くなることが指摘されている。

　中学校では子どもの2次，3次対応が急速に増えてくる。対症療法に終始することなく，校内の生徒指導部と教育相談部・スクールカウンセラーが連携した，個別対応と全体対応の統合的な対応が組織的に求められる。

⑶ 高等学校

　中学校よりも非行の発生件数は少ないものの，内容が計画的・凶悪的になる傾向がある。行動範囲も学校を越えて社会とつながるため，反社会的な集団との関係も多くなり，指導は困難になる。学校教育の一環で行う対応は中学校と同様，予防・開発的対応を組織的に行うことが求められる。さらに，高等学校の場合，学校種によって所属する子どものタイプは大きく異なるため，実態を適切にアセスメントして，的確な対応をすることが必要とされる。

171

column
5

感情のコントロール方法：
アンガーマネージメント

1．アンガーマネージメント

　「ムカツク」「キレる」という形で，自分の感情を爆発させる子どもがいる。攻撃性とは，怒り（アンガー〈anger〉）を中心とした不快感情であり，人間がふつうにもつ感情の一つである。そして，攻撃性を表に出すことを攻撃行動といい，攻撃行動の出し方は生後に学習する面が大きい。具体的には，(1)些細なことで攻撃性が喚起されやすく，それが，(2)自己コントロールされず増幅されやすく，(3)不適切な攻撃行動として表に出してしまうのである。

　そこで，上手にコントロールして適切な問題解決やコミュニケーションに結びつける心理技術（アンガーマネージメント）を身につけさせることが求められる。アンガーマネージメントは，怒りのコントロールの仕方を学ぶ方法である。

2．アンガーマネージメントの展開

①攻撃性の喚起のされやすさへの対応

　これには，欲求不満の問題と認知の仕方の問題がある。

(1)欲求不満耐性を高める

　怒りという感情の前に必ず「思い通りにならなかった」「承認感を得られなかった」があり，それで欲求不満になる。反社会的行動が見られる子どもは，欲求不満状態に耐える力（欲求不満耐性）が低いこと，同時に，自己コントロール性（自分の欲求を我慢する・したくないことに取り組む）も低いことが指摘されている。幼児期に家庭で適切にしつけられておらず育っていないのである。

　本人の現在の状態から，目標となる行動や継続時間が達成されたらほめるという繰り返しを経て，欲求不満耐性が高まるように支援することが求められる。

(2)欲求不満を発散する方法を身につける

172

適度にストレスや不快な感情を発散する方法，昇華（社会に認められる形で表出すること）の仕方を教えることが必要である。スポーツなどは最適である。

(3)認知の仕方の偏りを修正する

　反社会的問題が見られる子どもは対人関係の文脈の中で，「自分が攻撃を受けた」と認知しやすく，それで攻撃性が高まりやすい面がある。この傾向が顕著な子ども（発達障害の子どもも含まれる）には，「場面の解釈を適切に行うこと」「対人関係の文脈の中でより建設的な形で対処できるように，感情をコントロールして，適切な行動を選択して実行できるようにすること」の学習が必要であり，専門家の個別対応が求められるのである。

②攻撃性の増幅のされやすさへの対応

　攻撃性が喚起されると，どんどん興奮してきて（カーッとなってきて），暴言を吐いたり，暴力に訴えたりという行動に至ってしまうことが多い。このカーッとなってくる過程で，本人は心の中で，「バカにしやがって」などという，自分の怒りを増幅させるような言葉をつぶやいていることが多い。

　対応としては，攻撃性を駆り立てる言葉をコントロールして，冷静になれる言葉を教えていくことが求められる。「平気，平気」「たいしたことない」などの言葉に置き換えられるようになると，怒りはおさまっていくものである。

③不適切な攻撃行動の表出への対応

　反社会的行動が見られる子どもは，対人関係のとり方に不適切な面があることが多い。例えば，相手の気持ちを考えず自分の言い分を押しつける，威嚇して自分の欲求を通そうとするなどの攻撃行動は，その最たるものである。怒りによって自分の思いどおりに物事を動かそうとしているともいえる。ふつうの言葉で言うよりも，そのほうが効果が高いと無意識的に信じているのである。

　このような傾向は多くは養育過程の中で身につけたものである。保護者が自分の評価基準だけで子どもを従わせるような，「支配」と「服従」のメカニズムで養育した場合に，子どもはその保護者のやり方をモデルにすることが多い。したがって，対人関係のとり方として，ソーシャルスキル（第6章参照）を教えていくことが求められる。

第13章

子どもの発達と
キャリア教育

第1節　キャリア教育の理解と支援の方法

1 キャリア教育とは

　キャリア教育とは，「一人一人の社会的・職業的自立に向け，必要な基盤となる能力や態度を育てることを通して，キャリア発達を促す教育」である（中央教育審議会，2011）。

　キャリア発達とは，社会の中で自分の役割を果たしながら，自分らしい生き方を実現していく過程である。それは，子ども一人一人が，発達段階に応じて適切に自己と働くこととの関係づけを行い，自立的に自己の人生を方向づけていく過程である。

　中学校キャリア教育の手引き（文部科学省，2011b）では，キャリア発達について，次のように説明している。「人の成長・発達の過程には，節目となる発達の段階があり，それぞれの発達の段階において克服あるいは達成すべき課題がある。それと同様に，キャリア発達にも，幾つかの段階があり，各段階で

第1節　キャリア教育の理解と支援の方法

取り組まなければならない課題がある」。

　各段階にふさわしいそれぞれのキャリア発達課題を達成していくことが，生涯を通じてのキャリア発達となる。

　「また，キャリア発達は，知的，身体的，情緒的社会的発達とともに促進される。例えば，中学生は中学生のものの見方や行動の仕方に基づいて，自己と社会の関係をとらえ，自分を方向付けようとする。その意味で，キャリアの発達の理解には，まず『一人一人の能力や態度，資質は段階をおって育成される』ということを理解しておく必要がある」。

　キャリア発達とは，社会的・職業的自立のために必要な能力が育成されることであり，それが「生きる力」につながっていくのである。そして，キャリア発達を促す教育がキャリア教育である。

　つまり，キャリア教育とは，進路の選択・決定の援助に限らず，キャリア発達を促進するための援助という視点を中心にした取組みであることを押さえることが大事である。したがって，キャリアは「選ぶ」だけではなく，選んだものを「つくりあげていく」視点が大事であり，キャリア教育では次の2つの方向性をもつことが必要である。

⑴主体的に進路を選択できるように，「選ぶ」ための進路選択のレディネスを高めること・育成すること
⑵選んだ進路をさらにつくりあげていくこと・育てていくこと

　つまり，キャリア教育で子どもを育てていくのは，「選ぶために育てる」，「選んだものを育てる」，という2つがあることを忘れてはならないのである。

2 子どものキャリア発達の支援のあり方

　生徒指導提要（2022）でも，キャリア教育の支援には自己の生き方を見つめることや将来の夢や進路目標を明確にすることが重要で，生徒指導と深い関係にあるとされている。個々の子どものキャリア発達を支援するためには，2つの視点が必要である（中央教育審議会，2011）。

第 13 章　子どもの発達とキャリア教育

> (1)教師が担う学校教育活動の一環として，教師と子どもの日常的な人間関係を
> 　基礎として，資質・能力を育む（キャリア発達を促すことも含む）ためのカ
> 　リキュラムや学習プログラムを学級などの集団の場面で実施し，計画的・継
> 　続的な学習プログラムを基盤にキャリア発達を促すこと
> (2)子ども一人一人の発達や課題に応じた個別対応を図ること

●ガイダンス機能

　(1)をガイダンス機能といい，主に集団の場面で必要な指導や援助を行うこと
で，学級活動を中心にして教育活動全体を通じて子どもの「適応能力」と「選
択能力」を高めることを主なねらいとしている。これらの学習活動で大事なの
は，子どもが自ら気づくことを促し，主体的・対話的で深い学びとなり，それ
を発達につなげていくことである。

●カウンセリング機能

　(2)をカウンセリング機能といい，個々の子どもの多様な実態を踏まえ，一人
一人のキャリア発達や課題に応じた個別援助（キャリア・カウンセリング）の
ことである。キャリア・カウンセリングとは，子どもが自らの意志と責任で進
路を選択することができるようにするための，個別またはグループ別に行う指
導援助である（国立教育政策研究所生徒指導・進路指導研究センター，2013）。
キャリア・カウンセリングの担い手は教師であり，教師と子どもとの日常的な
人間関係の上に成り立つ適切なコミュニケーションである。子どもが自らの体
験に気づき，それを意識化できる（言葉にして表現できる）ように援助する，
子どもの主体性に働きかける活動であり，キャリア教育である。

　2017年改訂の学習指導要領では，ガイダンス機能とカウンセリング機能が取
り上げられた。中学校学習指導要領「第1章総則　第4生徒の発達の支援」「1
生徒の発達を支える指導の充実」の中で，「学習や生活の基盤として，教師と
生徒との信頼関係及び生徒相互のよりよい人間関係を育てるため，日頃から学
級経営の充実を図ること。また，主に集団の場面で必要な指導や援助を行うガ
イダンスと，一人一人が抱える課題に個別に対応した指導を行うカウンセリン

グの双方により，生徒の発達を支援すること」と明記されている。キャリア教育推進の方法として，ガイダンスとカウンセリングのバランスのよい活用が教師には求められるのである。

さらに，キャリア教育がキャリア発達を促進するための援助であり，学校教育活動の中で日常的に取り組まれるべきものとして，2017年改訂の学習指導要領の次のような表記も注目に値する。

「生徒が，学ぶことと自己の将来とのつながりを見通しながら，社会的・職業的自立に向けて必要な基盤となる資質・能力を身に付けていくことができるよう，特別活動を要としつつ各教科等の特質に応じて，キャリア教育の充実を図ること」。

つまり，キャリア教育は育成すべき子どもの資質・能力の形成に寄与する中心的な取組みであり，日常の学級経営がその核になることが期待されるのである。

第2節　キャリア教育の実際：小学校

1 小学校におけるキャリア教育

小学校におけるキャリア教育は「進路の探索・選択にかかる基盤形成の時期」として位置づけられている。小学校キャリア教育の手引きにおいて，具体的な課題として次の4点が示されている。

- 自己及び他者への積極的関心の形成・発展
- 身のまわりの仕事や環境への関心・意欲の向上
- 夢や希望，憧れる自己のイメージの獲得
- 勤労を重んじ目標に向かって努力する態度の形成

小学校段階では子どもが夢や憧れを抱き，目標をもって活動に取り組めるようなキャリア発達支援が求められる。そのためには身近な存在である同級生や

第13章　子どもの発達とキャリア教育

上級生，そして教師や地域の大人，有名人，歴史上の人物にいたるまで，子どもの憧れるキャリアモデルを幅広くもてるような工夫をしたい。

2 小学校におけるキャリア教育の現状——キャリア・カウンセリングの不足

　キャリア教育を進める上では，ガイダンス機能とカウンセリング機能をバランスよく用いることが重要である。しかし現在，小学校におけるキャリア・カウンセリングの活用率は低く，実施している学校は全体の5.7％という調査もある（国立教育政策研究所，2013）。これは，小学校では自己理解のための学習は行っているものの，進路相談を目的とした二者・三者面談がないことが影響しているとされている。しかしキャリア・カウンセリングとは本来，卒業直後の進路決定のための面談に限らない。

　キャリア・カウンセリングとは「発達過程にある一人一人の子どもたちが，個人差や特徴を生かして，学校生活における様々な体験を前向きに受け止め，日々の生活で遭遇する課題や問題を積極的・建設的に解決していくことを通して，問題対処の力や態度を発達させ，自立的に生きていけるように支援する」ための対話を指している（国立教育政策研究所，2010）。対話のあり方は個別に限らず，少人数のグループで行うこともある。多様化の叫ばれる今後の学校教育において，今後は個々の子どもの発達を踏まえ，「子どもたちが自ら気付くことを促し，主体的に考えさせ，それを成長・発達へつなげて」いけるような支援としてのキャリア・カウンセリングの重要性はますます大きくなるだろう。

3 これからの小学校におけるキャリア・カウンセリング

　では，小学校においてはどのようなキャリア・カウンセリングが求められるのだろうか。子どもとの，または子ども同士の温かい人間関係を築くため，またはキャリア発達課題を乗り越えるための効果的な対話となるポイントは「再認識」と「計画」である。

(1) 日常生活で

　前述のように，小学校でのキャリア・カウンセリング実施率は低いとされて

いるが，日常生活での対話を通した自己理解，他者理解，周りの環境への興味を促す活動はこれまでも自然になされてきている。つまり，日常での発達を促すための声かけ（対話）がキャリア教育に位置づくことを再認識し，意図的，計画的に行うことで，子ども一人一人の課題に対して適切な対応ができるのである。

　例えば，当たり前のこととして取り組んでしまう学級での係活動も，キャリア教育として捉え直すことができる。子どもの希望から分担を決めることが多いが，担任が子ども一人一人のもつ課題を踏まえた上で分担し，活動していく上で出てくる問題や困難さと向き合い対話することは，キャリア教育につながる。事前に子どもに乗り越えて欲しい課題を検討しておくことで，子どもにとって意味のある活動となる。

(2) 行事で

　年間を通してさまざまな行事が計画されるが，その際にもキャリア教育の視点を含めて計画することで，一見これまでと同じ行事でも子どものキャリア発達への影響は大きく変わる。

　例えば，節目の儀式として広く行われるようになった「2分の1成人式」のような行事もよい機会である。2分の1成人式では事前学習として自身の生い立ちを親や周囲の人へインタビューし，自身の成長アルバムを作成することが多い。また，当日の保護者への感謝のスピーチを終えたのち，一連の感想をまとめる。このような作業中，「子どもたち一人一人の潜在的な思いや力を引き出し，意味付け，意義付けをする」ことはキャリア・カウンセリングである。キャリア教育として計画しておくことで機会を逃さず，それぞれの子どもが自身の夢や憧れに向かって意欲的に活動できる支援ができるのである。

　なお，適切なキャリア・カウンセリングを行っている学校では，子どもの学習意欲の向上が見られるとの報告もある（国立教育政策研究所，2013）。「とかく無力感や閉塞感に捕らわれがちで，享楽や快楽のみを追う傾向のある現代の子どもたち」が，夢や憧れに向かって意欲的に活動ができるよう，今後は小学校においてもキャリア・カウンセリングの視点を充実させて取り組みたい。

第13章　子どもの発達とキャリア教育

| 第3節 | **キャリア教育の実際：中学校** |

1 中学校におけるキャリア教育

中学校では，キャリア発達段階の特徴が「現実的探索と暫定的選択の時期」とされ，以下のようなキャリア発達課題が設定される（文部科学省，2011b）。

- 肯定的自己理解と自己有用感の獲得
- 生き方や進路に関する現実的探索
- 進路計画の立案と暫定的選択
- 興味・関心等に基づく職業観・勤労観の形成

中学校のキャリア教育の中核となる取組みとして職場体験がある。

新型コロナウイルス感染症流行以前の全国の公立中学校での職場体験の実施状況は98.1％となっているが，実施期間，事前指導と事後指導にあてる時間にばらつきがあることが報告されている（国立教育政策研究所生徒指導・進路相談研究センター，2018）。

職場体験の日数が増えるほど学習意欲は向上し，事前指導と事後指導を充実させている学校は，「(1)日常生活において生徒の積極性が高い，(2)進学する際，将来の仕事に役立つという理由を生徒が意識している，(3)様々な事柄を踏まえて高校選択をしたいという生徒の意識が高い」ことが報告されている（国立教育政策研究所生徒指導・進路相談研究センター，2014）。

職場体験は，中学生が社会とのつながりをもち，働くことを身近に感じられる重要なカリキュラムであるが，取り組み方次第では，職場体験を行うこと自体が目的となり，教育的な効果が薄くなっているケースも見受けられる。

2 これからの中学校に求められるキャリア教育の指導のあり方

職場体験で教育的な効果を得るためには，まず事前指導の充実が求められる。

事前指導はマナー講習や職業講話などのガイダンスのみではなく，子どもの現状や職場で経験できることなどから，学習のねらいの明確化を促すなど，キャリア・カウンセリングの視点で行う。中学校段階は，進路における暫定的な選択の時期である。仮に職場体験先が子どもの希望にそぐわない場合でも，新たな興味関心をもたせ，勤労観，職業観の形成を図るために，職場体験における子ども個人の目的や学習のねらいなどを事前にしっかりと設定することが最も重要なのである。

　職場体験の後には事後指導が求められる。事前指導で明確にした学習のねらいをもとに子どもにどのような気づきがあったか，何を学ぶことができたかを振り返り，意識させる援助をする。また，事後指導や職場体験の振り返りとして発表を行い，子ども同士で感想の共有を図る際には，子どもの気づきや学びを言語化する援助が求められる。発表の技術や資料作成の技術を比べることが目的とならないように配慮しなければならない。

　そして，事前指導や事後指導を充実させるために，教師はアウトプット評価（やるべきことをやったかを確認する評価）とアウトカム評価（子どもがどのように成長したかを判断する評価）の視点を区別し理解する必要がある。また，アウトカム評価は，事前指導で子ども一人一人が設定した学習のねらいをもとに行うことが求められる。職場体験が無事に終わったかのアウトプット評価のみを行っていると，教育的な効果の望めない形骸化した職場体験に陥りやすい。教師は子どもが職場体験を通じてどのような成果があったのかをアウトカム評価し，それをもとに事後指導を行うことが大切である。

　このように，職場体験は事前指導，事後指導，評価を適切に関連づけて指導することが求められる。そしてその際にはガイダンス機能を充実させるのみではなく，子ども一人一人の理解と目的，教育的なねらいの明確化や，それをもとに行った職場体験での学びへの気づき，気づきを整理，表現させる援助など，キャリア・カウンセリングのポイントを押さえた指導を行うことが重要である。

第13章　子どもの発達とキャリア教育

| 第4節 | キャリア教育の実際：高等学校 |

1 高等学校におけるキャリア教育

　高校生の時期は自我の形成が進み，自身の生き方や将来に向けた進路を模索する中で，自立・自律や自己実現の欲求が高まる時期である。同時に，現実的な進路の検討と選択や決定が求められる時期でもあり，理想と現実との折り合いをつけることが求められる。このような時期にあたる高等学校のキャリア教育では，「自己理解の深化と自己受容」「選択基準としての勤労観，職業観の確立」「将来設計の立案と社会的移行の準備」「進路の現実の吟味と試行的参加」という4点のキャリア発達課題が示されている（文部科学省，2011c）。

2 高等学校におけるキャリア教育の3つの問題点

　1点目は，一人一人の教師や学校ごとにキャリア教育の受け止め方や実践の内容・水準にばらつきがあることである。その理由として，中央教育審議会（2011）によると，「キャリア教育は新しい教育活動を指すものではない」の表記から従来の教育活動のままでよいと誤解されたり，職場体験活動の実施をもってキャリア教育を行ったとする傾向が指摘される。「進学校」における従来の「出口指導」から変化しないキャリア教育の不活性化の問題もある。

　2点目は，高等学校における学習や受験勉強が「合格するための道具としての学び」に陥り，将来との関連性の見えない断絶した学びとなっていることである。その結果，大学受験終了後に学びに対する興味・関心・意欲が大きく低下する，いわゆる「剥落する知」の問題が指摘される（藤田，2014）。現在の学習を自分の未来との関連から位置づけ・意味づける視点こそが，学習の意欲を高め，自らの将来をつくり上げる意欲を育てることにつながるのである。

　3点目に，「やりたいこと」「なりたい自分」「将来の夢」重視のキャリア教育の危うさの問題である（児美川，2013）。前述のとおり，理想としての価値

軸（やりたいこと）だけに焦点化するのではなく，現実としての自己の適性や能力を知る必要がある。その上で社会での役割や働くことの意義を見出しながら，価値軸と適性・能力との折り合いをつけていく「進路の現実の吟味」を子ども自らが行っていけるように支援することが求められる。

3 高校生のキャリア発達の支援の実際

　高校生のキャリア教育は学校の教育活動全体を通じた指導が位置づけられる。ホームルーム活動を要とし，各教科・科目における学習が教科横断的に結びついて活用されることにより「基礎的・汎用的能力」を育むことが重要となる。

　教科学習とキャリア教育の関連について下村（2009）は「インフュージョン」をキャリア教育の理想的な手法として挙げている。インフュージョンとは「注ぎ込む」ことであり，授業の中にキャリア的要素を注ぎ込むことを指している。インフュージョンと教科・特別活動の中に埋め込まれているキャリア教育的側面に焦点をあてる双方の視点により，教科を「学ぶこと」が将来の自分の生き方に直接かかわる生きたものとして，主体的に考えることにつながる。

　高校生のキャリア発達の支援においても，全体指導（ガイダンス）と，子どもが自分の理想と現実の折り合いをつけていくための個別援助（キャリア・カウンセリング）により行われる。キャリア・カウンセリングでは，教師と子どもの「対話」や子ども同士の「語り合う」プロセスから，学校での学習や体験が社会につながることに気づかせ，基盤となる自己の価値観・価値軸を意識させることが目標となる。また，子どもが日常生活で直面するさまざまな課題や問題に向き合い，自ら解決していく課題対応能力発達の支援もめざしている。他方で，子どもの多様な実態やかかえる課題の把握が，問題の早期発見・早期対応につながるという教育相談的機能の側面ももつ。

　キャリア・カウンセリングの手法としては，従来の進路相談のイメージとしてあった「指示的・説得的・指導的」ではない，「受容的」「指示的」双方の性格を兼ね備えた「開発的」な要素の強いアプローチが求められる（三村，2008）。

183

column 6 大学生のキャリア問題の現状

　学校基本調査「大学卒業者の状況」（文部科学省，2023）によると，大学卒業生のうち「就職も進学もしていない者」は約8％存在し，将来のキャリアに不安定さをかかえている。例えば，大学生の就職が本質的にむずかしくなる原因として，就職活動期においては「選択肢が膨大である」「選択基準が不明確である」「新奇で不慣れな課題である」「人間の情報処理能力に限界がある」「時間的制約がある」といった理由が考えられる（下村，2012）。さらに，たとえ就職できた者であっても「3年以内の離職率が3割」と言われるように，その後のキャリア形成についての問題も根強く存在している。このような状況を生み出す要因として，現代の大学生の実態から見えてくる特徴を以下に紹介していく。

1．適職信仰（やりたいこと志向）

　そもそも「適職信仰（やりたいこと志向）」は，「働くこと＝生きること，食べること」という発想ではなく，基本的欲求（衣・食・住）が親などからある程度保障されており，やりたいことや好きなことを優先できるタイプの学生の価値観である。

　このタイプの大学生は，すぐに正規の職業に就く必要に迫られることなく，ある意味適性に合った職業を自律的に追い求めていけるというメリットがある。

　近年，就職情報へのアクセスが容易となり，個人の選択肢の自由度が広がった弊害として，1つのことに腰を落ち着けてじっくりと吟味・検討することへの比重が相対的に減少したことがある。「3年以内の離職率が3割」というのもこのあたりに起因しているのではないかと考えられる。

　ただし，やりたい職業，好きな職業に就くことこそがよいと自分を正当化するあまり，徐々に生活が自分中心に偏ってしまい，社会との接点をもとうとし

なくなったり，いざもとうとしたときには人脈がなく不可能な状況に陥る危険性があるため，注意が必要である。

やりたい職業を追い求めるにはきりがない。どこかで「諦める」（浦上，2012）といった決断が必要なこともある。

2．通過儀礼場面の不足

通過儀礼とは，一定の年齢に達すると儀式を行い，成人として社会の仲間入りをすることである。日本でも「元服」などの通過儀礼がかつて行われていた。通過儀礼を行うことで，言葉遣いや身なりの変化とともに，一人前の大人としての自覚を促すものであった。

しかしながら近年，「一人前」という言葉で守られていた個々の立場があいまいとなり，通過儀礼から得られていた自己の役割意識や他者との境界線が認識されにくくなっているのではないかと考えられるのである。

結果，従来であれば年齢とともに暗黙に獲得していく社会的自立のイメージや，仕事を行う上での責任感，アイデンティティ（自分は一体何者であるか）の感覚が，他者からの容易な干渉により，その発達を遅らせている可能性もある。

例えば，キャリアの方向性が不確定であったり，模索中，先延ばし傾向が高い学生ほど，母親との関係を「不満や干渉が多い」と認知している（国眼他，2014）という。つまり，親からの自立は，キャリアの問題には深くかかわっているように感じられる。

以上，現代の学生の特徴を述べたが，このようにキャリアに悩む学生が存在し，支援を考える際には，個人に注目するだけでなく，周囲の人間との関係性についても理解していく姿勢が必要であることがわかる。

最終的には，学生の主体的な態度を阻害しない形で支援をすることをおすすめしたい。キャリアについてのアドバイスをする時期と見守る時期との見極めが必要となってくるだろう。

第14章

保護者との連携

第1節　保護者と連携していく際の基本的な考え方

1 保護者との連携のむずかしさ

　子どもの教育に，学校と家庭の連携は欠かせない。しかし，保護者とのかかわり方に悩む教師は少なくない。教師への厳しい要求にどう対応すればいいのか（なかには不条理なものもある），家庭での支援をお願いしたいが保護者が子どものことに手が回らない，教師批判に悩まされている，などである。教師は公教育のサービスの提供者であり，満足がいかなければクレームをつけるのは当然，という保護者の意識を背景に感じる。

　保護者は教師にとって，協力者にも，評価者にもなる存在である。保護者と教師が理解者・協力者となって連携していくためには，教師は保護者からプラスの評価を得，信頼感を獲得することが大切である。しっかりとした教育実践をすることは必要条件であるが，その成果を適切に保護者に伝える，保護者のニーズを教育実践や対応に活かすなどの取組みの中で，保護者との信頼関係を

第1節　保護者と連携していく際の基本的な考え方

形成していく教師からの働きかけが切に求められる（河村，2007）。

② 保護者の信頼を獲得するために

　第4章で解説したように，人間は相手がどういう人間か分からないとき，自分の本心を明かして相手に接することは稀である。表面的な関係になりやすい。教師と保護者との関係も同様で，良好な人間関係（リレーション）を形成する第一歩は，相互に，相手の人となりに関するある程度の情報をもつことである。そして，教師と保護者との間に良好な人間関係を形成するためには，教師の側から保護者に対して，次のようなアプローチをしていくことが求められる。

⑴ **教育実践に関する情報を伝える**

・教師の教育実践に関する考え方と展開する方法

・日常の教育実践の様子・子どもの学級生活の様子

・節目ごとの教育活動の成果

⑵ **保護者の教師や学校に対するニーズの情報を獲得する**

・保護者になされる情報開示は，保護者会で口頭で説明するとともに，学級通信などの文書でも伝え，同時にニーズがあれば書いてもらう

　しかし，以上のかかわりを進めていても，教師が対応にとまどう保護者がいる。教師の対応をマイナスに受け取る保護者，教育実践に対して批判的な保護者，攻撃的に苦情を言ってくる保護者などである。

　確固たる理由がないのに，このような対応をしてくる保護者の多くは，本人が意識している・していないにかかわらず，保護者自身が自分の問題をかかえている可能性がある。性格や考え方に少し偏りがある，過去に受けた心の傷を引きずっている，さまざまな事情で冷静になれない心理状態にある，などである。

　そういう保護者と連携していくには，教師の側でプラスアルファの理解と対応が必要になる。こういう場合，教師は大きなストレスをかかえ，精神的な負担を感じてしまうが，保護者とのかかわりは，教師と子どもとのかかわりに大きな影響を与えるので，冷静に対応していきたい。

第14章　保護者との連携

| 第2節 | 教師がとまどう保護者の理解と対応 |

　同じタイプの保護者の対応に繰り返し悩まされる教師は多い。教師も人間なので，マッチングがうまくいかないタイプの保護者もいるのである。そのため，自分が苦手とするタイプの保護者を認識し，そういう保護者に感情的に巻き込まれないように対応することが求められる。以下，教師が巻き込まれやすい保護者のタイプを挙げ，その理解と配慮のあり方を解説する。

1 被害者意識が強い

　自分の子どもがいじめられている，適切に扱われていないなど，根拠のないことを取り上げ，連絡帳や電話で繰り返し教師に訴えるタイプの保護者である。その都度十分な対応をしないと，「何もしてくれなかった」と周りに不満を訴え，自分の子どもだけを被害者と捉えて執拗に教師を非難する傾向がある。

(1) 保護者の問題として考えられること

　被害者意識の強い人は，過去に周りの人に傷つけられた，不当に扱われた経験をしていることが多いものである。そのため，周りの人を無条件で信じることができず，ものごとをネガティブに捉えがちになり，それが自分への攻撃や侵害と感じられてしまうのである。

　子どもについても，話を聞いているうちに，自分の過去の体験がよみがえり，保護者自身がとても不安になってしまうことが多い。つまり，被害者意識の強い保護者は，不安感をもっている場合が少なくない。

　不安は，次のようなメカニズムで高まっていく。

- これから先もよくないことが起こりそうだと悲観する
- よくない出来事が起こったとき，うまく対処することができないだろうと，自分の行動に自信がもてない

　そういうことから身を守る手っ取り早い手段が，「攻撃」と「逃避」である。

188

第2節　教師がとまどう保護者の理解と対応

先手を打って自分を侵害してきたと感じられる相手を非難する，逆に相手との
かかわり合いを避けるなどの行動である。

(2) このタイプの保護者への配慮のポイント

被害者意識の強い保護者は，不安が高まってくると，それを担任教師に非難
という形で向けてくるので，教師は保護者の行動に感情的に巻き込まれない心
構えが必要である。そして，子どもの対応と同時に，保護者の不安をやわらげ
る具体的な対応が必要になる。次のように個別の配慮をすることが求められる。

- **これから先もよくないことが起こりそうだと悲観する**

　⇒担任教師と具体的に連絡をとる方法を確立しておき，日々の子どもの様子
　　を定期的に，まめに知らせ，安心させる

- **よくない出来事が起こったとき，うまく対処することができないだろうと，**
  自分の行動に自信がもてない

　⇒運動会や遠足など，ふだんの学校生活とは異なる行事があるときは，事前
　　に電話連絡して，保護者に対応のポイントをアドバイスしたり，不安な点
　　を十分に聞いたりして，教師が対応する点をともに確認する

ふだんから担任教師は味方なのだと感じられるような関係を形成しておくこ
とが重要である。似たタイプで，匿名で担任教師の非を教育委員会や管理職に
訴える保護者もいるが，背景に同じような不安をかかえている可能性がある。

2 教師を見下すように接してくる

ふだんのかかわりから，どこか教師を軽んじたような，見下したような態度
をとる保護者がいる。社会的な地位の高さ，学識の高さ，年齢の高さなど，教
師に対して相対的に優位に立つ（当人はそう思っている）勢力を背景にして，
教師に対応してくるタイプの保護者である。その勢力を背景に自分の言い分を
押しつけてくるような要求をすることが多いので，困ってしまうわけである。

(1) 保護者の問題として考えられること

優越感の強い人が多いが，優越感は劣等感の裏返しのことが多いので，この

189

第14章　保護者との連携

ような保護者は，何らかの劣等感を秘めている可能性が考えられる。そしてその反動として，優越感を前面に出した態度をとる傾向が考えられる。

　幼少のころの貧しさや，家庭環境の不幸な生い立ちなどをバネにしてがんばり，ある程度の社会的地位や学識を勝ち取った人に比較的多く見られる。また，そういう父親と一体化する母親もいるが，背景には似たような要因があると考えられる。また，上下（地位，年齢など）関係の強い会社や職場などで過ごしてきた保護者にも，同じような傾向が見受けられる。

　そういう人は，教師のわが子に対する対応（子どもが自分と一体化した感覚になっている）や，子どもを通した自分への対応に，劣等感を刺激されること（優越を感じている部分に対する敬意がないと感じることも同様）があると，冷静になれず，教師に対して相対的に優位に立つ勢力を背景にして，自分の言い分を押しつけるような対応をとってしまうのである。

⑵ このタイプの保護者への配慮のポイント

　保護者の職場での地位や役割などは，本来，直接その組織や利害関係の中でだけ勢力を発揮するものである。それが分からなくなっていることが多い。

　教師も子どもの教育を担っている教職員であるという役割意識を心に秘めて，たとえ高飛車な態度をされたとしても感情的に巻き込まれることなく，丁寧語で，一つ一つ公的な役割に基づいて対応していくことが求められる。教師個人の判断では即答できない内容に対しては，「管理職に相談してから後日お答えします」という具合に，しっかりと手続きを踏んで対応していく。

3 子どもの非を絶対に認めない

　授業中に騒ぐ，特定の子どもをいじめるなど，子どもに顕著な問題行動が見られ，その対応のために保護者と話し合いをもったとき，教師が説明したわが子の行動を，頑として認めないタイプの保護者がいる。教師が状況を説明すればするほど保護者は冷静さを失い，逆に教師に対する批判を展開することも多く，建設的な話し合いができなくなってしまうのである。

190

第２節　教師がとまどう保護者の理解と対応

(1) 保護者の問題として考えられること

こういう保護者には，次の３つのタイプがある。

●子どもが家庭で見せるいい子の顔と，教師から聞かされた学校の様子との落差が大きく，とても信じられないというタイプ。子どもに対する教育が厳しく，子どもは親の期待に応えようと親の前でいい子になっている，という構図がある。保護者は子どもに強い期待をかけており，それに基づく行動を強く求め，自分の前でしっかりできている子どもの姿に満足し，親の期待に応えるいい子だった場合に子どもを受容する，というタイプである。

●親心として子どもを守ろうとする気持ちが強すぎて，また，子どもを信じることが親だという意識が強すぎて，わが子の非に薄々気づきながらも認めたくない，認められないというタイプ。保守的に，親と子というイメージを強くもち，過保護・過干渉の傾向をもつ可能性がある。

●わが子の評価を，保護者である自分への評価のように感じてしまい，自分自身の立場を守るために，わが子の非を頑なに認めないタイプ。拡大自己中心性の傾向をもち，保護者自身が大人になれていない傾向がある。

---

(2) このタイプの保護者への配慮のポイント

このタイプの保護者は自分自身がとてもつらくなってしまい，自分が責められているようで，カッとなりやすい。そのために，子どもの長い成長を考えた，毅然とした真の親役割をすることができなくなっているのである。教師はうちの子どもを否定的に見ている，保護者の養育のあり方を非難している，と思われているうちは，保護者は教師に心を開いてこない。抵抗が生じているのである。

したがって，教師はこの子のために動いてくれている，親を咎めているのではないと理解できるような対応上の配慮が求められる。話し合いのポイントは，「教師や学級のほかの子どもたちが困っているから」ではなく，「その子の学習や学校適応に支障が生じる可能性があり，その対策を教師と保護者が協力して考えたい」というところから始めることである。学校としてその子により効果

191

第14章　保護者との連携

的な対応をするために，保護者に家庭での工夫を聞き，活かしていきたいという姿勢を見せることがまず必要である。

4 感情的に苦情を言ってくる

　自分の子どもが学芸会の主役になれなかったのはおかしい，うちの子どもが仲間外れにされているのになぜ対応しないのか，という具合に，教師側からすると突然に苦情を訴えるタイプの保護者がいる。それもかなり感情的になっており，冷静に話し合うまでに時間がかかってしまう。そして，そういうことがたびたびある。

⑴ 保護者の問題として考えられること

　子どもから断片的に学校での出来事を聞き，それに自分の推測を織り交ぜて解釈し，感情が激してしまうタイプが多い。感情が高ぶってくると，前後を考える冷静さを失いやすく，すぐに教師にぶつけてくるのである。

　問題は，ⓐ自分（自分の子ども）の思いどおりにならない出来事をよりネガティブに受け取りやすいこと，ⓑ感情が激高する形で推測して自分のストーリーをつくり上げてしまうこと，ⓒ出来事が起こった原因を他者の責任としてのみ考えてしまうこと，ⓓ自分の激した感情を静めるのに他者を攻撃する形をとりやすいこと，の4点である。

　このタイプの人は，教師だけではなく，地域の人たちに対しても，同じような行動をとる傾向がある。地域の人々はだんだんとその人を避けるようになり，地域の中でも孤立している傾向がある。そういう状況の中で，丁寧に対応してくれる数少ない相手が，学校の教師という場合も少なくない。その結果，たびたび学校に苦情を言ってくる，という状況も生まれてしまうのである。

⑵ このタイプの保護者への配慮のポイント

　学校に来訪してきたり，電話をしてきたりしたときは，かなり感情が激している。したがって，まず，その激した感情を静めてもらえなければ話し合いもできない。当人の言い分，怒っている思いを，途中でさえぎることをせず，ひととおり話してもらうことが必要である。そして，保護者の感情が落ち着いた

192

第2節　教師がとまどう保護者の理解と対応

ところで，時系列にそって一つ一つ話を聞いて，両者で確認していくのである。

5 大人になりきれていない

　授業参観で私語をする，参観そっちのけで熱心にスマートフォンを見るといった行動が見られる，とても短いスカートや奇抜な格好で学校に来る，教師に友達のような口調や隠語を用いて話す，というタイプの保護者がいる。学校の活動や行事にも関心が薄く，子どもの教育に関する学校からの働きかけに対しても応答が少なく，教師も接点がもちにくいことで苦慮することが多い保護者である。

(1) 保護者の問題として考えられること

　子どものことよりも自分の生活，楽しみを優先している可能性が高い。親役割，地域の中の社会人としての意識を強くもてないのである。また，学生のときに学校生活の中で不適応傾向があったり，学校や教師に対してネガティブな感情を抱いていた人が少なくない。そして，そのときのイメージを現在も引きずっていることが多いのである。

　したがって，子どもの教育に対する関心もほかの保護者と比べて低く，それが自分の子どもへの対応にも出てしまっている。さらに，学校に対してもネガティブな感情を先入観としてもっていることが多いので，子どもに関する学校からの働きかけに対しても，最初から抵抗をもっている場合が多い。学校行事にかかわること自体に抵抗があったり，教師とのかかわりに妙に気負ってしまったりする傾向が見られるのである。

(2) このタイプの保護者への配慮のポイント

　例えば子どもが宿題をまったく提出しない，書類が提出されない，ほかの子どもとトラブルがあり加害者になっている，などの問題があった場合，ストレートに連絡帳や電話で家庭の対応を依頼したり，学校に来てほしいと呼び出したりするのは逆効果になる場合がある。保護者の学校や教師に対する抵抗を刺激してしまい，問題解決につながる話し合いができなかった，ということになるからである。それ以後の関係もギクシャクしてしまうことが少なくない。

193

第14章　保護者との連携

まず，学校や教師に対する抵抗が低下するような対応を，日ごろから行っていくことが必要である。小さなことから，保護者と接点をつくっていくのである。例えば，学校での子どもの様子を連絡帳で知らせる（返事は無理のない範囲で，見ましたというサインだけでいいという約束をしておく），行事の前などは，差し障りのない用件とともに明日の開始時間や持ち物などをさりげなく確認してあげる，などである。このような配慮を，教師の側から積み重ねていくことが求められる。少しずつ保護者とのかかわりを形成していき，抵抗感なく教師と話してもらえるような関係を形成することが最初の一歩である。

6 組織的なかかわりが求められる

　次のようなタイプの保護者は，管理職を通して地域の専門機関とも連携して，組織的に対応することが必要な人である。担任教師はその組織対応の中で，特定の役割を分担して対応することが求められるのである。

- 子どもに対して，虐待，ネグレクトが推測される保護者
- 経済的に破綻しており，社会生活を送ることがきわめてむずかしい保護者
- 精神的な問題をかかえ，社会生活を送ることがきわめてむずかしい保護者
- 外国人などで地域や学校とのコミュニケーションの成立がむずかしい保護者

⑴ 保護者の問題として考えられること

　保護者自身が社会生活や子どもを養育していくことがむずかしい状態になっており，家庭に対する適切な社会的支援や対応が必要な状態になっている。このような状態が継続すれば事件にもつながりかねず，たとえそのようなことが起こらなくても，子どもの成長に重大なマイナスの影響が出てしまう。

⑵ このタイプの保護者への配慮のポイント

　子どもや家庭を支援するために，社会的機関とどうつないでいくのかという視点が求められ，そのための対応が必要になる。

　まず，管理職に報告することから始まるが，そこにいたる前に，子どもの状況や，保護者の様子をある程度つかんでおくことが求められる。時間の経過に

そって，気になる子どもの様子や出来事，保護者との対応の様子を，第三者が見ても分かるように，しっかり記録していくことが必要である。

その際，事実と教師の推測をしっかり識別して記録することが大事である。例えば，「家で何も食べさせてもらっていないので，給食をがっつくように食べている」ではなく，「給食では常に頻繁におかわりをし，あまった友達のパンを家にもって帰りたいとせがむことが見られた」（事実）➡「家では食事が十分取れていないのではないかと考えられる」（推測）という具合である。

また，「被害者意識の強い保護者」「大人になりきれていないような保護者」の項で述べたように，教師側から小さなことをきっかけにして家庭に連絡をとり，少しでも保護者と連絡が取り合えるように，子どもの支援にプラスになる家庭の情報，保護者の思いを得られるように努めることが求められる。

以上のような対応を積み重ね，子どもの様子，保護者や家庭の状況に深刻な問題がある可能性がうかがわれたら，速やかに管理職に報告し，組織的な対応を要請する。

このようなケースでは，管理職の判断のもと，専門家のサポートを受けながら，学校教育の中でその子どもにできることを精一杯行うことが努めである。そして，学校でカバーできないことは，児童相談所，病院，社会福祉機関などに分担して対応してもらうことも必要である。くれぐれもかかえ込みすぎて，学校教育でなすべきことに支障が起きないように注意しなければならない。

保護者のクレームへの対応は，その問題の解決を図るとともに，きちんとした丁寧な対応をすることで，保護者との信頼を形成するという目的もある。したがって，問題の是非によらず，教師の真意が伝わらず，保護者の怒りを買ってしまったことについては，率直にお詫びをすることも必要である。

保護者対応は，教師にとって精神的な負担の大きいものである。すべて担任教師に任せるのではなく，校内の組織体制の中で取り組んでいくことが必要である。学年団の教師たちや教育相談担当の教師，管理職などとチーム対応していくことが求められるのである。

第14章　保護者との連携

第3節　保護者対応事例

　保護者との関係に悩む教師は多く，特に子どもが学級に不満を抱いていると
きには，担任と保護者との関係はよりむずかしく感じる。

　2013年に文部科学省がまとめた「教職員のメンタルヘルスに関する調査」で
は，56.6％もの教員が保護者への対応に強いストレスがあると答えている。そ
の理由として，「保護者対応が時間外に飛び込んでくることが多いこと」や，
「学校に批判的な意見を言ってくる保護者がいること」が挙げられている。保護
者対応は経験を積んだベテラン教師にとってもむずかしく，若手教師にとって
はより大きな困難になると指摘されている（中原ら，2015）。

　保護者に理解者・協力者になってもらうには，プラスの評価を得て信頼を獲
得していくことが必要で，教師は現状を受け止め，真摯な対応が求められると
指摘している（河村，2016）。以下に，実際の保護者対応の事例を紹介する。

1 学校の取組みに批判的だった保護者対応

　学校の学力向上の取組みで，「家庭学習ノート」が有効であるという意見が
出された。校内で何度か話し合いが行われ，新年度より取り組むことが決定し
た。取り組むに当たり，保護者には1学期初めの懇談会で周知し，子どもには
その日にやりたいことを見つけてノートに書くことを伝えることになった。

　しばらくして，家庭訪問へ行った際にある保護者に「家庭学習ノートの取組
みを止めていただきたい。うちの子は，何をするのか分からないでずっと悩み，
宿題もほかの勉強も進まないで困っている」と切り出された。保護者は，子ど
もが家庭学習に手をつけられず，困っている状況を訴えてきたのである。

　その思いを十分に聞いた上で，勉強をする習慣をつけさせたいという学校側
のねらいと経緯を詳細に話し，保護者が子どもの学習をよく見てくれているこ
とに感謝を伝えた。その上で，取組みを止めるのではなく，どうしたらうまく
やっていけるのか相談した結果，クラスの友達が作成したノートをコピーして

196

第3節　保護者対応事例

配付したり，授業の中で家庭学習ができそうな内容を提示したりすること，家庭では保護者が興味のありそうな本や資料を用意することになった。

その後，虫が好きだったその子どもは，虫の生態や特徴，生息場所などをイラストも交えて書くようになり，1年が経過したころには図鑑のように情報が詰まったノートが何冊も完成した。さらによかったのが，学級では多くの子の家庭学習ノートを配布していたので，学級全体のノートの内容がとても詳しくなっていた。保護者からは，「書き終わったノートは全部捨てずに取ってあるので，1年間でこれだけ書けたことに驚いています」との声が届いた。家庭との連携がよりよい教育実践につながることを，このとき深く実感した。

2 放課後に飛び込んできた保護者対応

放課後に職員室で電話が鳴った。電話を取ると，「うちの子が学校の友達と遊んでいるのですが，友達にいじわるをされて泣いて帰ってきました。学校で指導してもらえませんか」といった内容だった。その日の電話では，学校で詳しく話を聞くことと，問題の解決に当たることを伝えた。

その後すぐに，担当教師で集まり，事の趣旨を説明し，チームを組んで指導に当たることを共通事項とした。また，一緒に遊んでいた子どもたちは学級をまたいでいたので，それぞれの担任が別々に話を聞き，その後問題を集約する形で進めていくことになった。

次の日，子どもたちの思いをそれぞれ聞き，互いの遊び方，かかわり方がよくなかったことを整理し，子ども同士で納得した上で解決した。その日の放課後，子どもが家に着く前に，経緯と指導内容を保護者に説明し，理解を得た。

保護者からの訴えを真摯に受け止め，教育活動に反映していくことが保護者対応の重要な点である。予期せぬ事態に戸惑いもあるが，よりよい教育活動に向けた一つの意見として受け止めていきたい。

197

第15章

専門機関との連携

第1節　外部の専門機関との連携

1 外部の専門機関との連携の必要性

　第5章では，学校全体の教育相談活動を推進するためのコーディネーションについて解説した。学校内には生徒指導部や教育相談部などの校務分掌があり，個々の教師はそれぞれの校務分掌の役割にしたがって教育相談に関する仕事をこなしていく。その際，校内の教育相談活動を組織的に行うためには，コーディネーター役が必要になる。

　コーディネーションとは関係者間で調和した行動がとれるように調整を図ることであり，コーディネーターとは，物事が円滑に行われるように，全体の調整や進行を担当する者である。学校全体の教育相談活動をより推進させるためには，コーディネーター役が重要であり，各学校の実態に応じて柔軟にその役割を担う者が選ばれるのである。

　さらに，生徒指導提要（2022）でも指摘されているように，学校全体の教育

第1節　外部の専門機関との連携

相談の充実を図るためには，外部の専門家との日常的な連絡と協力関係が重要になる。連携とは，学校だけでは対応しきれない子どもの問題行動に対して，関係者や関係機関と協力し合い，問題解決のために相互支援をすることであり，学校で「できること」「できないこと」を見極め，学校ができない点を外部の専門機関などに援助をしてもらうことである（生徒指導提要）。

2 外部の専門機関と連携する上での考え方

このような連携は，コラボレーションの考え方をもとに展開される。コラボレーションとは，専門性や役割が異なる専門家が協働する相互作用の過程であり，教育の専門家である教師が医療や心理の専門家と一緒に，子どもの問題の解決に向けて協力し，対話しながら，子どもに対して支援を行うことである。

学校で対応しきれない子どもの問題行動に対して，外部の専門機関に援助をしてもらうことは，学校としては心強いものである。しかし，連携して成果を上げることは，実は易しいものではない。それぞれの専門家には専門領域特有の考え方や行動の仕方があり，それらがかみ合わない場合が多いからである。

専門領域が違う者同士が相互に理解し合い，コラボレーションして一定の成果を上げるためには，コラボレーションを調整する能力が高いコーディネーター役が必要なのである。そういう役割のメンバーがいないと，互いが対立し責任を押しつけ合い，疑心暗鬼になってしまうことも少なくない。

このような場合に，校内にいるスクールカウンセラーやスクールソーシャルワーカーなどの専門家の役割が重要になる。スクールカウンセラーやスクールソーシャルワーカーの調整機能により，互いの役割が認識され，具体的な方向性が明らかになり，相互支援の相乗効果が期待されるのである。

学校の外部の専門機関との主な連携先としては，医療機関・児童福祉機関・児童相談所・刑事司法関係機関・NPOがある。次節からそれぞれの専門家や専門機関について詳しく見ていく。

199

第15章　専門機関との連携

第2節　スクールカウンセラーとの連携

1 スクールカウンセラーの役割

　多様化・深刻化する子どもの問題に対して，学級担任が一人で対応するのには限界がある。そのため，教育相談担当者，養護教諭，管理職，スクールカウンセラーなどの複数の教職員が力を合わせて援助する「チーム対応」が求められている。チーム対応において，スクールカウンセラーは，臨床心理に関する高度な「専門性」と第三者的立場から援助体制などを見ることができる「外部性」を発揮することが可能である。また，スクールカウンセラーの直接的な援助では，子どもや保護者へのカウンセリング，教職員への指導・助言などを行って問題解決に力を発揮することが可能である。

　チーム対応の際には，チームメンバーのそれぞれが役割を果たすことが必要であり，そのためには情報の共有が必要である。報告・連絡・相談（ホウレンソウ）を大切にして対応することが求められる。

2 教育相談体制の整備

　スクールカウンセラーを活かす教育相談体制は，「心の専門家」であるスクールカウンセラーと「教育の専門家」である教師とが，互いに相手の専門領域を認め合うとともに，互いの異質性を受け入れて協力することが重要なポイントである。以前は「例えば週4時間など限られた時間では何もお願いできない」などの考えもあったが，スクールカウンセラー制度が定着したことから，「限られた時間をどう活かすか」と発想の転換が進んでいる。

　近年，教育相談体制づくりにおいて，「（教育相談）コーディネーター」の役割の教師を配置するようになっている。例えば，スクールカウンセラーの専門性を活かすためには，子どもや保護者，教職員などとの橋渡し役としてコーディネーターの活躍が必要である。

200

第2節　スクールカウンセラーとの連携

3 スクールカウンセラーとの連携を深めるには

　連携を深めるには，スクールカウンセラーが学校の一員であることを，学校職員とスクールカウンセラーの双方でしっかりと認識することが重要である。それによって，学校の教育活動全般や子どもの実態，関係団体などの活動に関する情報共有が容易になるからである。また，学校側がスクールカウンセラーに何をして欲しいかという活用のビジョンを明確にもつことが大切である。

　連携を深めるためには環境の整備も必要である。次にそのポイントを示す。

- ●職員室にカウンセラーの机と椅子を用意して，教職員と情報交換する
- ●スクールカウンセラーの利用を子どもと保護者に連絡する。例えば，PTA 総会で紹介し，学校だよりなどでカウンセラーの紹介，相談日・時間・場所，手順，年間計画などを周知する
- ●スクールカウンセラーが教職員の相談に応ずることも教職員に確認する
- ●スクールカウンセラーと協議して，子どもに関する情報の収集や，カウンセリング希望の取りまとめ，活動の報告などの手順について定める
- ●スクールカウンセラーがいつ，どこで，誰と，どんな内容のカウンセリングをしたか確認できる記録簿を用意する

---

4 今後のスクールカウンセラー制度と異業種間連携

　2016年に国家資格「公認心理師」の法案が通過し，2018年9月に1回目の試験が行われた。現在は，公認心理師の資格を有する者がスクールカウンセラーとして登用されている。大学・大学院での養成カリキュラムが定められており，一定の知識と技能を有する者がスクールカウンセラーとなっている。

　今日，子どもの虐待に関する問題が指摘されているが，「子どもの虐待に関する学校の対応についての調査研究」においても，教師の認識の希薄さと学校の虐待対応の遅れや，他機関との連携体制の脆弱さが指摘されている。2008年度からは「スクールソーシャルワーカー活用事業」が開始されている。今後

第15章　専門機関との連携

は，異業種間のコラボレーションがますます大切になる。

第3節　スクールソーシャルワーカーとの連携

1 スクールソーシャルワーカーの活用の趣旨

　いじめ，不登校，虐待，子どもの問題行動などは教育上の大きな課題である。その背景には子ども自身の心の問題はもちろんだが，家庭，友達関係，地域，学校などの環境の問題がある。それらが相互に複雑に絡んでいる可能性もある。子どもを取り巻くさまざまな環境に働きかけたり，学校を中心に，ときには学校の枠を越えて関係機関などとの連携を構築・調整し，課題解決を図るコーディネーターとして期待されるのがスクールソーシャルワーカーである。

2 スクールソーシャルワーカーの職務内容と連携の視点

　スクールソーシャルワーカーとは児童生徒の最善の利益を保障するため，ソーシャルワークの価値・知識・技術を基盤とする福祉の専門性を有する者として，学校等においてソーシャルワークを行う専門職である（文部科学省，2017）。

スクールソーシャルワーカーの職務内容

⑴不登校，いじめ等の未然防止，早期発見及び支援・対応等

・地方自治体アセスメントと教育委員会への働き掛け

・学校アセスメントと学校への働き掛け

・児童生徒及び保護者からの相談対応（ケースアセスメントと事業への働き掛け）

・地域アセスメントと関係機関・地域への働き掛け

⑵不登校，いじめ等を学校として認知した場合又はその疑いが生じた場合，災害等が発生した際の援助

・児童生徒及び保護者との面談及びアセスメントから見直しまで

202

第3節　スクールソーシャルワーカーとの連携

・事案に対する学校内連携・支援チーム体制の構築・支援
・自治体における体制づくりへの働き掛け

　文部科学省（2006）では，「問題解決は，子ども，あるいは保護者，学校関係者との協働によって図られる」と考え，スクールソーシャルワーカーは問題解決を代行する者ではなく，子どもの可能性を引き出し，自らの力によって解決できるような条件づくりに参加する者である。また問題を個人の病理としてではなく環境との不適合状態と捉え，「個人が不適合状態に対処できるよう力量を高めるように支援する」，あるいは「環境が個人のニーズに応えることができるようにする」という「個人と環境の双方に働きかける」特徴をもつ。

　スクールカウンセラーが子ども個人の心の問題とそのケアに重点を置くのに対し，スクールソーシャルワーカーは子どもを取り巻く環境に注目し，働きかけを行う。具体的には学校や家庭，児童相談所，行政の福祉担当部署などの関係機関の調整役となったり，保護者や教職員を支援したりする（**図 15-1**）。

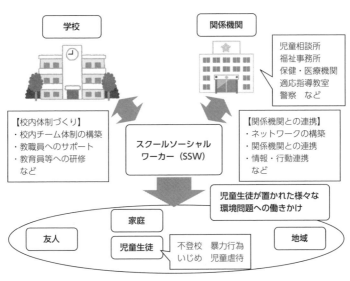

図 15-1　スクールソーシャルワーカーとの連携
（文部科学省（2008）「スクールソーシャルワーカー活用事業」を参考に作成）

第 15 章　専門機関との連携

　学校はスクールソーシャルワーカーを効果的に活用し，問題解決の方法を探りたい。スクールソーシャルワーカーと連携して，子どものさまざまな情報を整理統合し，アセスメント，プランニングした上で，教職員がチームで問題をかかえた子どもの支援をすることが重要である。また，教職員がスクールソーシャルワークの視点や手法を獲得し，学校現場で活用することも重要である。

第4節　医療機関との連携

1 医療機関との連携

　子どもの健全な発達を促すために，心や体の「病気」の疑いがある子どもを早期発見し早期に治療を行うことが，二次的な障害を防ぐ上でも重要である。

　そこで医療機関との連携では，そのような子どもの医療機関への紹介や，対応についての相談が中心となる。

　また，長期入院や長期欠席している子どもがいる場合，彼らの学習を保障するために学校には何ができるか，どこまでかかわることができるのかについて医療機関に相談し，ときには教師が教材を届けたり，メールやFAXでやりとりしたりすることも必要となるであろう。

　連携をとる医療機関として病院や保健所，保健福祉センターなど多様な機関が考えられる。なお，医療機関と連携を進める際は，すでに保護者が医療機関に相談している場合もあるので，保護者の同意を得た上で医療機関との連携を申し込む必要がある。このほか，医療機関が学校生活の様子を尋ねてきた場合についても，保護者の同意を得てから学校で生じている問題などについて伝える必要がある。

2 医療機関から見た学校との連携の課題

　医療機関から見た学校との連携の課題として，大瀧（2017）は，次の3つを

挙げている。

　第1に，学校側に「受診すればすぐによくなる」といった期待感があるため，医療機関に丸投げするケースがあることや，問題行動をただちに「障害」として片付けようとする姿勢があることを挙げている。

　第2の課題として，教育関係者と医療関係者との文化・認識の違いとして，性急に結果を求める学校関係者と，長い目でみていこうとする医療関係者の姿勢の違いや，学校関係者の守秘義務の認識の甘さを挙げている。

　第3の課題として，担当の教師の転勤によって関係が切れてしまうことを指摘している。担当となっている「教師」とはつながることができても，「学校」とはつながりにくいと述べている。

　以上の指摘を踏まえると，学校は医療機関との連携を進めていく上で，学校組織内の連携体制を整え，担当者の引き継ぎをしっかり行うとともに，日常的なつながりを意識的に行う必要がある。

　また，子どもの問題行動を「障害」とレッテル貼りして片付けてしまうのではなく，子どもの情報や見立てを共有して，なぜ問題となる行動を起こすにいたったのか，誰にとっての問題なのか，どのように連携して対応していくのかを話し合うことが必要である。

第5節　児童相談所・児童福祉機関との連携

1 児童相談所との連携

　児童相談所は児童福祉法に基づき，子どもの福祉を図るとともに，その権利を擁護することを目的として設置される行政機関である。児童相談所は児童福祉司，相談員，医師，児童心理司，心理療法担当職員などの多様な専門性を持つ職員が子どもの対応を行っている。学校は，主に児童虐待の対応で連携をとることが多い。子ども家庭庁発表の令和4年度の児童相談所虐待相談対応件数

第15章　専門機関との連携

は212,483件で過去最多となっており，年々増加している。そのうち，7.3%は学校からの通告である。早期発見や通告など学校が児童虐待において担う役割は大きく，児童相談所との日ごろからの連携が重要である。

⑴ 教職員に課せられた義務

　学校及び学校の教職員は「児童虐待の防止等に関する法律」において，虐待の早期発見・早期対応に努める（努力義務）とともに，市町村や児童相談所等への通告や情報提供を速やかに行うこと（義務）とされている。「学校・教育委員会等向け虐待対応の手引き」にあるチェックリストなどを活用し，子どもの日常の観察から，あざや傷などのない目に見えない虐待も含む児童虐待を早期に発見し，疑いのある時点で速やかに通告することが求められる。

　通告は，学校における児童虐待の対応において，教育と福祉をつなぎ，社会的支援システムを動かすという側面もある。家庭との関係の悪化などの懸念から，通告においてはその判断に悩むこともあるが，通告が遅れることで子どもの生命・安全が脅かされることが考えられる。通告を受理した機関は，その通告したものを特定されるものを漏らしてはならないと定められていることからも，ためらわずに速やかに通告をすることが重要である。

⑵ 通告の際の留意点

　通告に際し，教職員が虐待の詳細を聴取することは避けるようにする。子ども本人が思い出すことで再び傷ついたり，教職員による誘導と取られることで審判に影響を及ぼしたりする懸念があるためである。虐待についての聴取は児童相談所や警察で専門的な研修を受けた面接官が暗示や誘導を避けた聴取方法で聴くため，教職員は，傷の写真やイラストによる記録，子どもの発言内容をそのまま書き残す，または録音などで記録を資料として残すようにする。

2 学校は虐待対応の最前線

　児童虐待に関する学校の役割のひとつとして，要保護児童対策地域協議会への参加がある。要保護児童対策地域協議会は，地域の福祉的な支援が必要な子どもと保護者（以下，要保護児童等）に対する適切な支援を図るために地方公

共団体が設置する組織である。児童相談所をはじめとする福祉部局と学校のほか，警察や保健・医療機関等も含む地域の多様な関係機関により，要保護児童等に関する情報の交換や支援内容の協議が行われる。要保護児童等に関する情報を共有し，支援の役割分担を行うことで，関係機関のはざまでの支援の漏れの防止や，守秘義務による情報提供の遅れをなくすことなどが目的である。

　学校は子どもが多くの時間を過ごすことから，児童虐待を発見しやすく，虐待対応の最前線にある。児童虐待は子どもの命だけでなく，子どもの心身の発達や情緒・行動面に深刻な影響を与え，人格面での問題を残すなど，子どもの人生に重大な影響を及ぼす可能性がある。教職員一人ひとりが虐待の定義やその影響，対応の仕組みなど虐待に関する正しい知識を持つことが重要である。

3 児童福祉機関との連携

　児童福祉機関とは，様々な理由から家庭で生活できない子どもの生活の場所であり，その種類には児童養護施設，児童自立支援施設，障害児施設，児童心理治療施設などがある。

　その中で虐待に関連して学校が連携するのは児童養護施設である。児童養護施設は児童福祉法で定められた児童福祉施設であり，保護者のいない児童，虐待されている児童その他養護を要する児童を公的責任で保護・養護する（社会的養育）とともに，退所後の相談や自立のための支援を目的とする施設である。全国に約600箇所の児童養護施設があり，子ども家庭庁から発表された調査結果によると令和5年には23,043人の子どもが入所している。そのうちの71.7%には虐待経験がある。

　児童養護施設では，一人ひとりに自立支援計画を作成し，職員がチームで子どもに家庭的な生活を提供し，支えながら支援を行っている。学校は，児童養護施設職員を子どもの保護者として関わることとなる。他の保護者と同じように関わりつつ，面談等の機会を利用して支援の目標や学校と施設での様子を共有するなどの方法で，子どもへの効果的な支援をめざすことも連携のひとつとして重要である。

第 15 章　専門機関との連携

| 第 6 節 | 刑事司法関係機関との連携 |

　生徒指導提要（文部科学省，2022）では非行の特徴的な類型と対応の視点として，初発年齢の早い非行，低年齢から繰り返される非行，思春期・青年期の非行の 3 つに整理している。また，その非行の背景には子どもの発達や家族関係などの問題も多いことから，学校は少年非行の未然防止や再犯防止のために，福祉や警察，司法機関などとの連携を図る必要があるとしている。

1　少年の非行防止のための連携機関

　少年非行の未然防止のために，学校が連携すべき主な機関の役割と活動内容について示す。

(1) 警察署との連携

　少年非行において，警察署との連携窓口は，生活安全に関わる生活安全課や少年相談係である。非行の未然防止や早期発見のための活動としては，非行防止教室，薬物乱用防止教室，情報モラル教室の実施，少年警察ボランティアや学校との合同補導活動，相談活動などを行っている。また，不良行為少年への注意や指導，犯罪被害少年への助言や支援などを行っている。

(2) 少年サポートセンターとの連携

　少年サポートセンターは，都道府県警察に設置されている 20 歳未満の青少年やその家族が抱える悩みを相談できる少年相談の専門組織である。少年補導職員，少年相談専門職員の他に，心理の専門職員が配置されているため，心理面での相談や支援が可能である。主な活動は，非行の未然防止の広報啓発活動，喫煙や飲酒，深夜徘徊などの街頭補導である。また，少年がかかえる家庭，交友関係，非行などについての相談，家族からの少年非行や少年の犯罪被害に関する相談，犯罪被害少年やその家族への立ち直り支援なども行っている。

(3) 少年補導センターとの連携

　少年補導センターは，青少年の健全育成を目的として，市町村が警察，司法，

学校，民間有志などで運営している施設である。具体的な活動は，補導，相談，環境浄化活動，広報啓発活動などの非行対策全般の取組みである。少年補導センターは，20歳未満の青少年や保護者からの第一次相談窓口としての機能を果たすほか，団体事務局（少年補導委員連絡協議会，学校警察連絡協議会など）の役割を担っている。

⑷スクールサポーターとの連携

スクールサポーターは，元警察官や元少年警察補導員などの非常勤警察職員である。スクールサポーターは定期的に学校を訪問し，地域の非行や安全に関する情報交換を行うなど，警察と学校や地域のパイプ役となっている。非行や問題行動などの困難な課題を抱える場合は，スクールサポーターを依頼し，学校と情報共有のもとで安全な学校環境づくりのために，授業や休み時間，放課後など学校内外のパトロールや非行防止や立ち直り支援などを行っている。

2 少年の再犯防止・更生のための連携機関

少年が非行行為により逮捕された後，学校が生徒の再犯防止や更生のために連携する主な機関について示す。

⑴ 家庭裁判所との連携

家庭裁判所は非行少年の調査や審判，親権や養育などの親子親族に関する家事調停や審判を行う。家庭裁判所調査官は，少年の非行の内容だけではなく背景や原因を探るために，少年や保護者，教師との面談を行うほか，学校や児童相談所，保護観察所などの少年を取り巻く関係機関と連携し，地域社会全体で少年の立ち直りを支え，再犯防止の生活の土台作りを行っている。

⑵ 保護観察所との連携

保護司は保護観察所の保護観察官と協働しながら，非行歴のある少年の立ち直り支援を行っている民間ボランティアである。保護司は非行少年が自宅での生活を通じて更生するように学校と連携して学習支援や進学支援を行っている。学校は必要に応じて主に保護司と連携し，少年についての情報共有や指導方法などについて協議を行い，少年の立ち直りをともに考えていくこととなる。

第 15 章　専門機関との連携

❸ 問題行動対応のためのサポートチームとの連携

　問題行動への対応については，文部科学省の推進する「サポートチーム」の活用が考えられる。サポートチームのメンバーは，学校，教育委員会，児童相談所，保護司，児童委員，警察などの多職種の専門家で構成される。情報や問題意識の共有化，共通理解と方向性を持った指導や支援方法などの検討が行われる。関係機関の連携のポイントとしては，各機関が持つそれぞれの権限と立場などを十分に理解し，役割分担を明確にすることが必要となる。

第7節　NPO 法人との連携

　NPO 法人（Non-Profit Organization）は，特定非営利活動推進法に基づく法人であり，営利を目的とせず，社会貢献を目的とした活動を行う。NPO 法人は，行政機関や企業とは異なり，地域社会のニーズに応じた柔軟な活動ができ，問題解決に向けた草の根的な取り組みを行うことが特徴である。

❶ チーム学校における NPO 法人との連携の必要性

　チーム学校による生徒指導体制では，学校内外の専門家が協力し，子どもの多様なニーズに対応することが求められている。NPO 法人は，その設置目的に応じてさまざまな支援を提供しており，地域によっては学校と密接に連携し，包括的なサポート体制を構築している。

　例えば，不登校の子どもや引きこもりの青少年への支援が挙げられる。2016年に成立した「義務教育の段階における普通教育に相当する教育の機会の確保等に関する法律」（「教育機会確保法」）において，「不登校児童生徒の休養の必要性」や「学校以外の場において行う多様で適切な学習活動の重要性」が規定され，民間団体との連携強化についても定められている。また，「子ども・若者育成支援推進法」に基づく支援の一環として，ニート等の職業的自立支援を

行う「地域若者サポートステーション事業」をNPO法人が委託されているケースもある。さらに生徒指導提要（文部科学省，2022）では，不登校の子どもや引きもりの青少年への体験活動や家庭訪問といったアウトリーチ型支援を提供するケースやフリースクールを運営するケースなども紹介している。

2 積極的な情報交換による支援体制の構築

このように，問題を抱える子どもや青少年に対する支援において，学校や行政機関，医療機関だけでは十分に対応できない分野を補完するために，NPO法人との連携がますます重要となっている。

実際，教育機会確保法によって，不登校の子どもが学校外の公的機関や民間施設で相談や指導を受けている場合，校長の判断でその活動を指導要録上，出席扱いとすることが可能となっている。また，今後はヤングケアラーに対する支援においても，NPO法人などの民間支援団体との協力も必要とされる。

今後，NPO法人と積極的に情報交換を行い，それぞれの施設の特徴や役割を理解した上で，どのように協力して支援を進めていくか深く検討する必要がある。こうした連携を通じて，より効果的な支援体制の構築が期待される。

第8節 教育センターの行う相談事業

教育センター（教育研究所）は，各都道府県および政令指定都市に設置された行政機関で，教員研修，専門的研究，教育相談などを行う総合的機関である。教育相談を行う機関では，学校教育や心理学，福祉分野などの専門家が，管轄する地域の子ども，保護者，教職員を対象に，教育，養育上の様々な問題に対して相談活動を実施している。

本節では，相談機関の取組み内容について，子どもや保護者を対象としたものと，教職員を対象としたものに分類し，それぞれを概観する。

第15章　専門機関との連携

1 子ども，保護者を対象とした取組み

子ども，保護者を対象とした相談には，面談，電話，メール，SNSなどがあり，相談者の状況や要望に応じて，対面，非対面（オンライン）や，匿名性が保たれる形式で行っている。外国籍（日本語を母語としない場合を含む）の子どもや，保護者に対しては，専用の窓口を開設したり情報提供を行ったりしている。

保護者からの相談には，子育ての悩みや子どもの発達，教育や社会的自立に関することなどがある。子どもからの相談は，いじめや不登校，学習に対する不安などの学校生活に関わることや，進学や就学など多岐にわたっている。これらの相談には，専門的知識を持つ相談員が対応し，相談内容によって，医師による相談なども行い医療機関につなげる場合もある。

(1) 電話，メール，SNS による相談

子ども，保護者からの相談は，電話，メール，SNSなどの匿名によることが少なくない。匿名性が保たれることにより，相談者は，相談内容への抵抗を軽減することが可能になる。しかし，匿名による相談は，実態の確認が困難で具体的な問題解決に繋げにくいため，対面相談への切り替えや，専門機関などの紹介を視野に入れながら対応する必要がある。また，学校との関係が上手くいかなくなったり，支援が途切れたりしたケースでは，相談がきっかけとなって，学校との関係を再スタートさせる場合もある。さらに，子どもから緊急性の高い相談（希死念慮）などが入った場合は，所轄の教育委員会にすぐに通知を出し，対象となる子どもの安全を最優先に考えて対応している。

(2) 対面，非対面（オンライン）による相談

対面，非対面の相談は，事前に電話やメールで相談内容の確認を行い，個別カウンセリングやグループアプローチ，心理検査などを活用した専門的アセスメントに基づいて継続的な支援を行う。不登校やひきこもりなど，学校や社会とのつながりが途絶えている子どもの相談には，可能な限り保護者だけでなく子どもとも面談を行う。その際は，子どもの心理的安全性や学習権の保障を考

第8節　教育センターの行う相談事業

慮しながら，子どもと保護者の願いに寄り添い，学校生活や社会生活における
不適応状態の軽減や改善を図ったり，学校復帰や社会復帰などを踏まえた子ど
もの将来の社会的自立につなげたりする支援を行う。

② 教職員を対象とした取組み

　教職員は，日々，子どもの予測不可能な行動に翻弄されたり，保護者から様々
な相談を受けたりしている。そのため，教職員への対応は，日常的な相談対応
や突発的に起きる事案に対する短期的な対応と，校内研修会の講師やケース会
議への参加など継続的，長期的な対応が行われている。

(1) 教職員からの相談

　問題をかかえる子どもの理解や対応に関する教職員からの相談は，緊急性の
高い場合が多く，都度，電話や対面による相談が実施される。教育センターに
来所している子どもに関する情報なども，保護者の承諾を得た上で，学校と教
育センターとで共有され，効果的な連携が図られている。

(2) 緊急支援

　子どもにかかわる事件や事故などの重大事態が発生した場合，緊急支援とし
て，子ども，保護者，教職員に対する心のケアや，学校の日常性を取り戻すこ
とを目的として，所員や専門家を学校に派遣する取組みが行われている。面接
を希望する子どもや保護者，教職員に寄り添うだけでなく，登下校時の子ども
の観察方法や，教職員から子どもへの声掛け方法などについて適切な指示を行
いながら，学校の日常性の再構築に寄与している。

(3) 要請訪問

　教職員は，教育相談に関する資質向上や子どもへの理解を深めるために，定
期的に教育センターから所員や専門家の派遣を要請して研修会を行っている。
また，問題をかかえた子どもの事例検討会やケース会議を行う際には，スーパ
ーバイズを行っている。これらの研修を通して，教職員は，常に教育相談に関
する最新情報を収集し，より深い子どもの理解へとつなげている。

213

第15章　専門機関との連携

第9節　**学校を支える教育委員会の役割**

1 「学校を元気にする」教育委員会

　教育委員会という名称を聞いただけで，眉をひそめ毛嫌いする教師が少なくない。現場の教師にとっては，学校の設置者として人事評価を行い，上から目線で常に監視している感を拭えないからだろうか。少なからず教育行政に携わった立場から言えば，教育委員会ほど，子ども，教師，学校に携わるすべての人々を思いやり，日々の激務に従事している機関はないだろう。本節では，学校現場がかかえる課題や悩みを共有し，学校と一体となって解決するために努力している教育委員会の役割について述べる。

2 迅速な問題対応の窓口となる教育委員会

　現在，刑法犯・不良行為少年，暴力行為，いじめ，不登校，SNSをはじめとした携帯・インターネットの諸問題に加え，虐待，貧困など，子どもをめぐる生徒指導上の課題は多様化している。その背景や要因には，家庭や生育に関することなど，子どもを取り巻く生活環境が複雑に影響しており，その対応や解決がいっそう困難な事例が増加している。そのため，学校だけでは解決できない問題や課題に対しては，教育委員会が窓口となり，関係機関と連携を図りながら迅速な対応を行っている。

　そこで，教育委員会は，学校や学区域内の教育支援センターなどにおいてスクールカウンセラーおよびスクールソーシャルワーカーが適切に活動でき，子どもの安心した学校生活および適切な地域環境が保護されるような支援体制を構築する。その際，教育委員会は，指導主事を通して学校と緊密に連携を取り，事案の状況および支援方針を共有し，学校とともに課題解決を図っていく。加えて，その支援体制が機能しているか適切に把握し，指導主事を中心にその解決に向けて主体的に対応することが求められる。そのため，指導主事は，最新

214

第9節　学校を支える教育委員会の役割

の教育課題や法令などに精通しているだけでなく，生徒指導上の問題に加え，学力や体力など，各自治体の教育課題や問題について，常にアンテナを高く張り，実態把握に努めている。指導主事だけでなく，教育委員会に携わる事務局のスタッフが，熱意をもって学校を支えているのである。それゆえ，教育委員会は所管する学校現場のことを最も理解している存在といえるのである。

3 未然対応と支援体制の構築に寄与する教育委員会

　教育委員会は，所管の学校でいじめや不登校，虐待などの諸問題が発生した場合に窓口となって対応するだけでなく，その要因を分析し，過去の事例をもとに対応方法をマニュアル化するなど，未然防止につなげる対策も行っている。

　また，若手教師を対象にした教育相談に関する研修，生徒指導主事（生活指導主任）の連携会議や研修，スクールカウンセラーおよびスクールソーシャルワーカーの研修の企画・運営をし，各自の専門性の向上を図る取組みを行っている。

　さらに，学校だけでは対応が困難な緊急事態が生じた場合に，指導主事，スクールカウンセラー，スクールソーシャルワーカー，弁護士，有識者，医師，警察官OBなどで構成するサポートチームを編成し，どのように対応するかを検討し，万が一に備えている。こうした事件・事故などが発生した際には，その衝撃から子ども，保護者，教職員の身体面，感情面，認知面，行動面にはさまざまな反応が起きることが予想される。このような学校の危機的状況に際し，子ども，教職員および保護者の心のケアと学校における日常性を取り戻すため，サポートチームを学校に派遣したり，マスコミ対応を行ったりすることによって，二次的被害をくい止めるよう努めている。

　以上のように，教育委員会は，子ども，保護者，地域の要望や学校の状況・課題を的確に把握しながら，ときに道標となり，組織的な学校運営の一助となる機能を担っている。

215

引用および参考文献一覧

第1章 教育相談の意義と課題
石隈利紀（1999）．学校心理学．誠信書房．
河村茂雄（2010）．日本の学級集団と学級経営．図書文化社．
文部科学省（2017）．中学校学習指導要領．
文部科学省（2022）．生徒指導提要．

第2章 子どもの心理と発達課題
石隈利紀（1999）．学校心理学．誠信書房．
小山望・河村茂雄編著（2001）．人間関係に活かすカウンセリング．福村出版．
庄司一子（1997）．児童期の発達課題とカウンセリング　國分康孝監修．スクールカウンセリング事典．東京書籍.283．
鑪幹八郎（2002）．アイデンティティとライフサイクル論．ナカニシヤ出版．
文部科学省（2022）．生徒指導提要．
Erikson, E.H.（1959）．Identity and the life cycle, W.W.Norton&Co.（小此木啓吾訳編（1973）．自我同一性．誠信書房．）

第3章 カウンセリングの基礎知識とカウンセリングマインド
國分康孝（1980）．カウンセリングの理論．誠信書房．
國分康孝（1998）．カウンセリング心理学入門（PHP新書）．PHP研究所．
楡木満生・田上不二夫編（2011）．カウンセリング心理学ハンドブック上巻．金子書房．

第4章 カウンセリングの基本技法とアセスメント
河村茂雄（2006）．学級づくりのためのQ-U入門．図書文化社．
國分康孝（1979）．カウンセリングの技法．誠信書房．
文部科学省（2010）．生徒指導提要．
文部科学省（2022）．生徒指導提要．

第5章 校内体制と組織的な教育相談
河村茂雄（2017）学校管理職が進める教員組織づくり．図書文化社
國分康孝監修（1997）．スクールカウンセリング事典．東京書籍．
坂野雄二・宮川充司・大野木裕明編（1994）．生徒指導と学校カウンセリング．ナカニシヤ出版．
佐古秀一（2006）．学校組織の個業化が教育活動に及ぼす影響とその変革方略に関する実証的研究．鳴門教育大学研究紀要，21, 41-54．
中央教育審議会（2015）．チームとしての学校の在り方と今後の改善方策について（答申）．
文部科学省（2010）．生徒指導提要．
文部科学省（2022）．生徒指導提要．

第6章 学級集団づくりとともに進める教育相談, column 1
河村茂雄（2010）．日本の学級集団と学級経営．図書文化社．
河村茂雄・品田笑子・藤村一夫編著（2007a）．学級ソーシャルスキル小学校低学年．図書文化社．
河村茂雄・品田笑子・藤村一夫編著（2007b）．学級ソーシャルスキル小学校中学年．図書文化社．
河村茂雄・品田笑子・藤村一夫編著（2007c）．学級ソーシャルスキル小学校高学年．図書文化社．
河村茂雄・品田笑子・小野寺正己編著（2008）．学級ソーシャルスキル中学校．図書文化社．
國分康孝（1981）．エンカウンター．誠信書房．
國分康孝（1992）．構成的グループ・エンカウンター．誠信書房．
日本レクリエーション協会監修（2000）．福祉レクリエーション総論．中央法規出版．
野島一彦編（1999）．グループ・アプローチ（現代のエスプリ385）．至文堂．
平木典子編（2008）．アサーション・トレーニング．至文堂．

第7章 教育活動とともに進める教育相談, column 2
今井五郎（2006）．日本学校教育相談学会刊行図書編集委員会編．学校教育相談学ハンドブック．ほんの森出版．
上野正道（2010）．ポスト産業主義時代の学習活動を展望する．日本デューイ学会編．日本のデューイ研究と21世紀の課題．世界思想社．
河村茂雄（2017）．アクティブラーニングを成功させる学級づくり．誠信書房．
河村茂雄（2018）．主体的な学びを促すインクルーシブ型学級集団づくり．図書文化社．
國分康孝監修（2001）．現代カウンセリング事典．金子書房．
國分康孝・大友秀人（2001）．授業に生かすカウンセリング．誠信書房．
関田一彦・安永悟（2005）．協同学習の定義と関連用語の整理　日本協同教育学会編集委員会編 協同と教育.10-17. 日本協同教育学会．
別所靖子（2004）．枠を与えることで自由になれる．國分康孝・國分久子総編集．構成的グループエンカウンター事典．図書文化社．24．
Hung, W.（2011）Theory to reality: Afew issues in implementing problem-based learning. Educational Technology Research and Development, 59（4）, 529-552.
Johnson, D.W., Johnson, R.T., & Smith, K.A.（1991）. Active learning.（1st ed.）. Interaction Book Company.（関田一彦監訳（2001）．学生参加型の大学授業．玉川大学出版部．）
Kilpatrick, W. H.（1918）. The project method. Teachers College Record, 19（4）, 29-36. Columbia University.

第8章 配慮が必要な子どもの理解と対応, column 3
新井邦二郎・濱口佳和・佐藤純共（2009）．教育心理学　学校での子どもの成長をめざして．培風館．

落合良行・伊藤裕子・齊藤誠一（2002）．青年心理へのアプローチと課題．ベーシック現代心理学　青年の心理学．有斐閣．

河村茂雄編（2022）．開かれた協働と学びが加速する教室．図書文化社．

警察庁（2024）．刑法犯少年の年齢別，罪種別検挙人員．令和5年警察白書統計資料．

小関俊祐・小関真実・高橋史（2012）．中学生の抑うつに及ぼす社会的スキルとソーシャルサポートの影響　質問紙による行動記録と自己評価の記録．ストレス科学研究，27，32-39．

国立教育政策研究所（2024）．令和5年度全国学力・学習状況調査の結果（概要）．

国立成育医療研究センター（2023）．友人関係や教師との関係が良い子どもは，抑うつ症状の割合が低い傾向　小学校5年生・中学生2年生を対象とした「生活実態調査」

千須和直美・北辺悠希・春木敏（2014）．中学生の家庭における共食とボディイメージ，ダイエット行動，セルフエスティームとの関連．栄養学雑誌，72（3），126-136．

中井大介（2016）．中学生の友人に対する信頼感と学校適応感との関連．パーソナリティー研究，25（1），10-25．

文部科学省（2009）．子どもの徳育の充実に向けた在り方について（報告）

文部科学省（2021）．高等学校教育の現状について

文部科学省（2022a）．生徒指導提要

文部科学省（2022b）．小学校キャリア教育の手引き

文部科学省（2023）．令和4年度児童生徒の問題行動・不登校等生徒指導上の諸課題に関する調査結果

林萍萍・山野則子（2023）．コロナ禍における子どもの抑うつの関連要因に関する検討．子ども家庭福祉学，23，48-61．

第9章　障害のある子どもの理解と対応, column 4

梅永雄二（2007）．自閉症の人の自立をめざして．北樹出版．

梅永雄二（2012）．社会的自立・就労の指導．竹田契一・花熊曉・熊谷恵子責任編集．特別支援教育の理論と実践Ⅱ指導（第2版）．金剛出版．

小田浩伸（2017）．高等学校における特別支援教育の充実．柘植雅義・インクルーシブ教育の未来研究会編．特別支援教育の到達点と可能性．金剛出版．

川島慶・飯野由里子・西倉実季・星加良司（2016）．合理的配慮．有斐閣．

河村茂雄（2018）．主体的な学びを促すインクルーシブ型学級集団づくり．図書文化社．

熊谷高幸（2017）．自閉症と感覚過敏．新曜社．

国立特別支援教育総合研究所（2012）．発達障害のある子どもへの学校教育における支援の在り方に関する実際的研究．

齊藤万比古編著（2009）．発達障害が引き起こす二次障害へのケアと対応．学習研究社．

齊藤万比古（2014）．思春期・青年期の発達障害者支援，二次障害への対応．公衆衛生 78（6），392-395．

総務省（2017）．発達障害者支援に関する行政評価・監視　結果報告書．

高橋智・谷田悦男・内野智之（2017）．軽度発達障害児の学校不適応問題の実態と対応システムの構築に関する実践的研究．研究助成論文集，42．財団法人明治安田こころの健康財団．

滝川一廣（2017）．子どものための精神医学．医学書院．

深沢和彦（2017）．多様性を認め合う人間関係づくり．河村茂雄編著．学級担任が進める特別支援教育の知識と実際．図書文化社．68-71

堀孝文（2015）．思春期・青年期と二次障害．思春期学，33（1），50-52．

文部科学省（2010）．障害者制度改革の推進のための基本的な方向（第一次意見）（中央教育審議会初等中等教育分科会（第69回）配付資料）．

文部科学省 HP より．特別支援教育資料．

文部科学省（2016）．性同一性障害や性的指向・性自認に係る，児童生徒に対するきめ細かな対応等の実施について（教職員向け）．

文部科学省（2017）．発達障害を含む障害のある幼児児童生徒に対する教育支援体制整備ガイドライン．

文部科学省（2022）．通常の学級に在籍する発達障害の可能性のある特別な教育的支援を必要とする児童生徒に関する調査結果について．

文部科学省（2024）．令和5年度特別支援教育体制整備状況調査．

第10章　不登校の理解と対応

Engel, G.（1977）．The Need for a New Medical Model: A Challenge for Biomedicine．Science, New Series, Vol. 196, No. 4286（Apr. 8, 1977），129-136．

石隈利紀（1999）．学校心理学．誠信書房

河村茂雄（2006）．学級づくりのためのQ-U入門．図書文化社

河村茂雄（2010）．日本の学級集団と学級経営．図書文化社

小林正幸（2004）．事例に学ぶ不登校への援助の実際．金子書房

東京都教育委員会（2018）．児童・生徒を支援するためのガイブック：不登校への適切な対応に向けて

文部科学省（2019）．不登校児童生徒への支援の在り方について（通知）

文部科学省（2022）．生徒指導提要

文部科学省（2023）．令和4年度 児童生徒の問題行動・不登校等生徒指導上の諸課題に関する調査結果

第11章　いじめの理解と対応

國分康孝監修（1997）．スクールカウンセリング事典．東京書籍．

河村茂雄（2007）．データが語る①学校の課題．図書文化社．

河村茂雄・武蔵由佳・苅間澤勇人・水谷明弘（2016）．学級担任のいじめ対策．図書文化社．

姜信善・大重絵美里（2005）．小学生における関係性攻撃経験が対人関係に及ぼす影響．富山大学教育実践総合センター紀要，6，13-19．

文部科学省（2006）．いじめの問題への取組の徹底について（通知）．

文部科学省（2017）．平成29年3月16日「いじめの防止等のための基本的な方針」の改定及び「いじめの重大事態の調査に

関するガイドライン」の策定について.

文部科学省（2022）. 生徒指導提要.

文部科学省（2024）. 令和5年度児童生徒の問題行動・不登校等生徒指導上の諸課題に関する調査.

Crick, N. R., & Grotpeter, J. K. (1995). Relational aggression, gender, and social psychological adjustment. Child Development, 66, 710-722.

第12章　非行の理解と対応，column5

生島浩・村松励編（1998）. 非行臨床の実践. 金剛出版.

生島浩（2003）. 非行臨床の焦点. 金剛出版.

河村茂雄（2007a）. データが語る①学校の課題. 図書文化社.

河村茂雄（2007b）. データが語る②子どもの実態. 図書文化社.

河村茂雄（2007c）. データが語る③家庭・地域の課題. 図書文化社

総務庁青少年対策本部（2000）. 低年齢少年の価値観等に関する調査.

内閣府（2009）. 青少年白書.

内閣府（2018）. 平成30年版子供・若者白書.

法務省（2023）. 令和5年版犯罪白書.

宮田義雄・市川定三・奥澤良雄（1983）. 心理学十三章. 前野書店.

文部科学省（2006）. 地域の教育力に関する実態調査.

文部科学省（2022）. 生徒指導提要.

文部科学省（2023）. 令和4年度児童生徒の問題行動・不登校等生徒指導上の諸課題に関する調査結果.

Schneider,K.,（1934）. Psychiatrische Vorlesungen für Ärzte. Georg Thieme.（西丸四方訳（2014）. 臨床精神病理学序説（新装版）. みすず書房.）

Schneider,K.（1959）. Clinical Psychopathology. Grune and Stratton.

第13章　子どもの発達とキャリア教育，column6

浦上昌則（2010）. キャリア教育へのセカンド・オピニオン. 北大路書房.

国眼眞理子・松下美知子・苗田敏美（2014）. 大学生の進路選択における保護者の関わり（社会，ポスター発表D）. 日本教育心理学会総会発表論文集, 56 (0), 454.

国立教育政策研究所（2002）. 児童生徒の職業観・勤労観を育む教育の推進について.

国立教育政策研究所生徒指導研究センター編（2010）. キャリア教育のススメ. 東京書籍

国立教育政策研究所生徒指導・進路指導研究センター（2013）. キャリア教育・進路指導に関する総合的実態調査第一次報告書.

国立教育政策研究所生徒指導・進路指導研究センター（2014）. キャリア教育が促す「学習意欲」（「キャリア教育・進路指導に関する総合的実態調査」パンフレット）.

国立教育政策研究所生徒指導・進路指導研究センター（2018）. 平成28年度職場体験・インターンシップ実施状況等調査結果（概要）.

児美川孝一郎（2013）. キャリア教育のウソ（ちくまプリマー新書）. 筑摩書房.

下村英雄（2009）. キャリア教育の心理学. 東海教育研究所.

下村英雄（2012）. 就職はなぜ難しいのか. 若松養亮・下村英雄編. 詳解大学生のキャリアガイダンス論. 金子書房.

高澤健司（2012）. 社会人になるとはどういうことか. 若松養亮・下村英雄編. 詳解大学生のキャリアガイダンス論. 金子書房.

中央教育審議会（2011）. 今後の学校におけるキャリア教育・職業教育の在り方について（答申）.

藤田晃之（2014）. キャリア教育基礎論. 実業之日本社.

三村隆男（2008）. 新訂キャリア教育入門. 実業之日本社.

文部科学省（2010）. 生徒指導提要.

文部科学省（2011a）. 小学校キャリア教育の手引き（改訂版）.

文部科学省（2011b）. 中学校キャリア教育の手引き.

文部科学省（2011c）. 高等学校キャリア教育の手引き.

文部科学省（2023）. 学校基本調査.

第14章　保護者との連携

河村茂雄編著（2007）. 教師のための失敗しない保護者対応の鉄則. 学陽書房.

河村茂雄編著（2016）. セリフでわかる保護者の安心・信頼につながる対応術. 合同出版.

中原淳監修（2015）. 教師の学びを科学する. 北大路書房.

第15章　専門機関との連携

子ども家庭庁（2024）. 令和4年度 児童相談所における児童虐待相談対応件数

子ども家庭庁（2024）. 児童養護施設入所児童等調査の概要

森田健宏・田爪宏二・吉田佐治子（2024）教育相談（第2版）. ミネルヴァ書房.

文部科学省（2006）. 学校等における児童虐待防止に向けた取組について（報告書）.

文部科学省（2008）. 児童生徒の自殺予防に関する調査研究協力者会議（第1回）資料6　文部科学省における自殺対策に資する主な施策について（スクールソーシャルワーカー活用事業）

文部科学省（2010）. 生徒指導提要.

文部科学省（2022）. 生徒指導提要.

文部科学省（2016）. 不登校児童生徒への支援の在り方について（通知）

文部科学省（2017）. 児童生徒の教育相談の充実について　学校の教育力を高める組織的な教育相談体制づくり（報告）

文部科学省（2019）児童虐待防止対策に係る学校等及びその設置者と市町村・児童相談所との連携の強化について

文部科学省（2020）学校・教育委員会等向け虐待対応の手引き

おわりに

　本書は，2017年改訂の学習指導要領と教職課程コアカリキュラム，生徒指導提要（2022年改訂版）を指針として改訂した。この機会は，学校現場の現状を整理することにつながり，私にとっても学びとなり，新たな一歩になった。2017年改訂の学習指導要領は，協働活動・学習を積極的に活用し，学習指導と生徒指導（教育相談）を統合して，子どもの資質・能力（コンピテンシー）の育成をめざしていく。小学校から完全実施の2020年，新型コロナウイルス感染症の世界的流行（パンデミック）になった。我が国の学校現場もその後3年間，対面の活動が抑制され，学校行事やイベントが中止され，特別活動等も縮小した。そして，自粛が3年目となった2022年度，小中学校における不登校数は10年連続で増加し，30万人に迫る過去最多となった（文部科学省，2023）。

　建設的な対人交流を伴う高度な協働学習がめざされる中で，子どもたちは対人不安が強くなっている。高い教育実践目標と厳しい学校現場の現状とに，大きな乖離がある。教師は見通しがもてず，教育実践が対処療法的になっていく。子どもの発達の問題や学習が十分に達成されず先送りになっていく。学年ごとの教育実践が積みあがっていかない。

　この教育実践の取り組みは，ゼロからの取り組みだけではなく，マイナスからの取り組みともなる。ゼロからの取り組みなら，教師は子どもの弱い面を少しずつ補強する支援をすればよい。だが，マイナスからの取り組みは，その前にもう三手間必要である。子どもは自分の弱い面を不安が強まっているので，防衛的な態度と行動でカモフラージュしている。まず①防衛的にならなくてもいいという安心感を実感させ，その上で②自分の問題に直面させ，③問題解決することが必要だと自覚させてから，ゼロからの取り組みが始まるのである。ここに教育相談の大きな出番がある。臨床的な問題に対するだけではなく，長く継続的な発達支持的な教育相談がとても必要なのである。

私は教員生活を 10 年間経験し，30 代に入って大学院に進学して，カウンセリング心理学を基盤とした個別面接やグループアプローチの研究と実践を継続してきた。それをもとにした学校教育での実践は，以前は，教育相談や特別活動における開発的支援としてのグループアプローチ，子どもの居場所となり心理社会的発達に寄与する学級集団づくりを中心に，効果的な実践のあり方を提案してきた。近年は，自己調整学習を展開する学習集団としての学級集団の育成と，教師の自律性支援的な指導行動のあり方，についての提案の比重が高まってきている。

　そして，いま現在は，学級集団における学習指導面と生徒指導（教育相談）とは，スポットライトの当て方の問題で，結局は両者は相補的・統合的に展開されていくものなのだという見解にいたっている。

　このような実践の場を通した思いは，今回の改訂版にも反映したつもりである。発達支持的な側面や学習指導にも積極的に関与する教育相談のあり方について，大きく取り上げた。子どもたちの主体的・対話的で深い学びを支えるのは，やはり教師のカウンセリングマインドに基づくカウンセリング的対応であると確信したからである。

　本書が，現役の先生方にはこれからの新たな教育実践を創造していく上での指針として，教師を志す学生の方々には，学習を進めていくためのガイドとして，活用していただけると幸いである。

　今回の改訂においは，心理学だけではなく教育学などを専門とされる先生方にも，短いコラムも含めて，短期間にもかかわらず快く執筆していただいた。お礼を申し上げたい。

　最後に，丁寧な編集作業を進めてくださった図書文化社の渡辺佐恵さんと佐藤達朗さんに，心からお礼を申し上げたい。

編著者　　河村　茂雄

■編著者紹介（教育相談の理論と実際）

河村　茂雄　かわむら・しげお　早稲田大学教育・総合科学学術院教授

1章，3章4，4章1・2，5章1・2，6章1・2，7章1，12章，column5，13章1，14章1・2，15章1

筑波大学大学院教育研究科カウンセリング専攻修了。博士（心理学）。公立学校教諭・教育相談員経験し，岩手大学助教授，都留文科大学大学院教授を経て現職。日本学級経営心理学会理事長，日本教育カウンセリング学会理事長，日本教育心理学会理事，日本教育カウンセラー協会岩手県支部長。『子どもの非認知能力を育成する教師のためのソーシャル・スキル』『アクティブラーニングを成功させる学級づくり』（誠信書房），『開かれた協働と学びが加速する教室』『主体的な学びを促すインクルーシブ型学級づくり』『学校管理職が進める教員組織づくり』（図書文化），『教師のための失敗しない保護者対応の鉄則』（学陽出版，2007）他著書多数。

■執筆者紹介（原稿順，所属は2025年2月現在）

武蔵　由佳　むさし・ゆか　都留文科大学大学院准教授　2章，3章1-3，5章3，11章1・2

早稲田大学大学院教育学研究科修了。博士（心理学）。公立中学校・私立高等学校の相談員，早稲田大学非常勤講師，盛岡大学准教授を経て現職。児童・生徒・学生の対人関係を通した自己形成および心理教育的援助について研究している。公認心理師，臨床心理士，学校心理士，上級教育カウンセラー。

高島英公子　たかしま・えくこ　跡見学園女子大学兼任講師　4章3

早稲田大学大学院教育学研究科博士後期課程に在籍。公立中学校および小学校教諭を経て現職。日本学級経営心理学会常任理事，公認心理師，上級教育カウンセラー，ガイダンスカウンセラー。著書に『教師のためのカウンセリングの技術』『小学6年　学級経営ペディア（共著）』（明治図書）など。

河村　明和　かわむら・あきかず　東京福祉大学保育児童学部専任講師

4章4，column1，7章3，10章1-3，13章3

早稲田大学大学院教育学研究科高度教職実践専攻（教職大学院）修了。教職修士（専門職）。早稲田大学大学院教育学研究科教育基礎学専攻博士後期課程に在学し現職。特別活動の指導法，児童生徒指導論，教育方法論などを授業で担当。教科，教科外に関わらず，児童生徒の主体的な学びにおける教育的効果についての研究を行っている。

河村　昭博　かわむら・あきひろ　早稲田大学教育・総合科学学術院非常勤講師

4章5，11章3

早稲田大学大学院教育学研究科（博士後期課程）修了。博士（教育学）。教員の指導行動と教員のユーモア表出および児童生徒のスクール・モラールとユーモア表出にかかわる実証的な研究を深めている。公立小・中学校への学級経営の助言や講義などを行っている。またインクルーシブ教育，インターンシップ活動実践にも取り組んでいる。

伊佐　貢一　いさ・こういち　早稲田大学教育・総合科学学術院非常勤講師　5章4

新潟県公立小学校教諭・校長，上越教育大学特任准教授，魚沼市教育委員会統括指導主事，政策監，早稲田大学客員教授を経て現職。日本教育カウンセリング学会常任理事，日本学級経営心理学会常任理事。公認心理士，学校心理士，上級教育カウンセラー。著書に『全校一斉方式ソーシャルスキル教育』（図書文化），『温かいメッセージのソーシャルスキル教育』（明治図書）など。

根田　真江　ねだ・さなえ　富士大学客員教授　5章5

早稲田大学大学院教育学研究科博士後期課程（研究指導終了退学）。岩手県公立中学校教諭，副校長，校長を経て，現職。日本学級経営心理学会常任理事，日本教育カウンセリング学会常任理事。『集団の発達を促す学級経営・中学校編』（共編著，図書文化），『災害時にこそ問われる学級経営力

岩手・三陸編』（共著，早稲田大学出版部）。

熊谷圭二郎　くまがい・けいじろう　**日本大学教授**　5章6，7章5，8章3，15章4，7

早稲田大学大学院教育学研究科博士課程修了。博士（教育学）。公立学校教諭・教育相談等を経験し，千葉科学大学，神奈川県立保健福祉大学を経て現職。臨床心理士，公認心理師，ガイダンスカウンセラー，キャリア・コンサルタント。著者に『特別活動の理論と実際』『開かれた協働と学びが加速する教室』（分担執筆，図書文化社）など。

小野寺正己　おのでら・まさみ　**早稲田大学教育・総合科学学術院非常勤講師**　6章3

早稲田大学教育総合・科学学術院非常勤講師および仙台市天文台台長・盛岡市子ども科学館プロジェクトマネージャー。博士（学術）。公立小学校および中学校教諭，公立科学館学芸員を経て現職。日本教育カウンセリング学会常任理事。著書に『いま子どもたちに育てたい学級ソーシャルスキル　中学校』（共著，図書文化）など。

後藤　里英　ごとう・りえ　**早稲田大学大学院教育学研究科**　7章2，13章2

早稲田大学大学院教育学研究科博士後期課程に在籍。日本型学校の特徴である学級集団を活かした道徳性やコンピテンシーの育成に関心があり，PBL について研究中。著書に『学級担任が進める特別支援教育の知識と実際（分担執筆）』や『開かれた協働と学びが加速する教室（分担執筆）』（図書文化）。

深沢　和彦　ふかさわ・かずひこ　**神奈川県立保健福祉大学教授**　7章4，9章1・2

早稲田大学大学院教育学研究科修了。博士（教育学）。29年間の公立小学校教諭，早稲田大学非常勤講師，東京福祉大学教授を経て現職。おもな研究テーマはインクルーシブな学級経営。日本学級経営心理学会理事，公認心理師，学校心理士，上級教育カウンセラー，ガイダンスカウンセラー。著書に『教師のためのソーシャルスキルトレーニング（共著）』（合同出版），『集団の発達を促す学級経営（共著）』（図書文化）など。

齊藤　勝　さいとう・まさる　**帝京平成大学人文社会学部准教授**　column2，15章9

早稲田大学大学院教育学研究科博士後期課程に在籍。民間放送局に勤務した後，公立小学校教諭，教育委員会を経て現職。学級経営の理論に加え，学びのユニバーサルデザインの視点を生かしたICT の利活用の可能性について研究を進めている。著書に『実践「みんながリーダー」の学級集団づくり・小学校（分担執筆）』（図書文化）など。

森永　秀典　もりなが・ひでのり　**金沢星稜大学准教授**　8章1

早稲田大学大学院教育学研究科博士後期課程（研究指導終了退学）。公立小学校教諭を経て現職。日本学級経営心理学会理事。公認心理師。研究テーマは，教員組織の協働性の構築。著書に「集団の発達を促す学級経営―小学校低学年―（分担執筆）」（図書文化），「開かれた協働と学びが加速する教室（分担執筆）」（図書文化）など。

仲里　直美　なかざと・なおみ　**早稲田大学大学院教育学研究科**　8章2

公立中学校教諭，早稲田大学大学院教育学研究科学校教育専攻博士後期課程在籍。中学生の不登校に関心があり，ソーシャルスキルや友人関係について研究している。公認心理師，上級教育カウンセラー，ガイダンスカウンセラー。

藤原　寿幸　ふじわら・としゆき　**横浜国立大学大学院教育学研究科准教授**　column3，15章3

15年間の公立小学校教諭・主任教諭としての経験を経て，現職。「子どもたちによる主体的な学級づくり」に関心をもち，学級経営について研究を続ける。特に学級目標，学級じまい，子どもの非認知能力を専門領域としている。早稲田大学大学院教職研究科修了。同大学院教育学研究科博士後期課程指導終了退学。公認心理師，学校心理士 SV，上級教育カウンセラー

髙橋　幾　たかはし・いく　山口県立大学社会福祉学部専任講師　9章3，column4

早稲田大学大学院教育学研究科学校教育専攻修了。博士（教育学）。公認心理師。パティシエ，コンビニエンスストア店長の経験を経て，早稲田大学教育学部に入学。特別支援教育，インクルーシブ教育を専門領域としており，特に発達障害のある子どもの学級適応や学齢期から就労までの一貫した支援について研究を行っている。

本田　真　ほんだ・しん　名古屋産業大学准教授　9章4，13章4

早稲田大学大学院教育学研究科博士後期課程修了。公立高等学校教諭を経験したのち，東海学院大学を経て現職。公認心理師，キャリア・コンサルタント，学校心理士。著書に『教育心理学の理論と実際』『開かれた協働と学びが加速する教室』（分担執筆，図書文化社）など。

森　俊博　もり・としひろ　山口学芸大学准教授　10章3

早稲田大学大学院教育学研究科博士後期課程（研究指導終了退学）。15年間の公立小学校教諭・特別支援学校教諭を経て現職。ソーシャルスキルに対する自律的動機づけについての実証的な研究を行っている。公認心理師，初級教育カウンセラー。『開かれた協働と学びが加速する教室』（分担執筆，図書文化社）など。

井芹　まい　いせり・まい　小田原短期大学保育学科准教授　column6

早稲田大学大学院教育学研究科博士後期課程（研究指導終了退学）。早稲田大学非常勤講師を兼務。初等教育学を専攻した経験をもとに，その知見を中学校・高等学校・専門学校・大学の教育に生かすことを志す。現在は「大学生の社会的資源・能力の獲得とキャリア選択」について興味がある。公認心理師，学校心理士。

井口　武俊　いぐち・たけとし　共立女子大学家政学部児童学科助教　14章3

早稲田大学大学院教育学研究科（博士後期課程）修了。9年間の公立小学校教諭・主任教諭としての経験を経て現職。体育と学級経営・感情心理学・カウンセリング心理学・グループアプローチについての研究を進めながら，公立小，中，高等学校における学級経営についてQ-U・WEBQUのコンサルテーションを行っている。現場で活かせる学級経営の知見を広めていきたい。

苅間澤勇人　かりまざわ・はやと　会津大学文化研究センター教授　15章2

早稲田大学大学院教育学研究科博士後期課程（研究指導終了退学）。公立高等学校教諭を経て現職。日本学級経営心理学会常任理事，日本教育カウンセリング学会常任理事，公認心理師，学校心理士SV。教育困難校における効果的な心理的援助に関する研究を続けている。

伊賀美夕季　いが・みゆき　早稲田大学大学院教育学研究科　15章5

早稲田大学大学院教育学研究科博士後期課程に在籍。特別支援学校教諭や公立・私立学校カウンセラー，巡回相談心理士などの経験をもとに，スクールカウンセラーに関する研究を進めている。公認心理師，学校心理士，ガイダンスカウンセラーSV。

生貝　博子　いけがい・ひろこ　早稲田大学教育・総合科学学術院客員教授　15章6

早稲田大学大学院教育学研究科博士後期課程（研究指導終了退学）。千葉県公立小中学校・校長，跡見学園女子大学非常勤講師を経て現職。公認心理師。学級経営や学校組織，校長や教師のワーク・エンゲイジメントなどの実証的な研究を進めている。

富永香羊子　とみなが・かよこ　早稲田大学大学院教育学研究科　15章8

千葉県市川市立妙典小学校校長。早稲田大学大学院教育学研究科博士後期課程在籍。千葉県公立小学校教諭，教育センター指導主事，教育委員会指導課課長，千葉県不登校児童生徒支援連絡協議会委員，市川市いじめ問題対策連絡協議会委員を経て現職。公認心理師。児童生徒の探究的な学びの質を高める教師の支援のあり方について実践研究をしている。

改訂情報

【改訂版　初版】
・学習指導要領や法律の改訂、教職課程コア・カリキュラム
　や時代の変化を踏まえ、本文やコラムを適宜見直した。
・上記の理由から章立てを再構成

【三訂版　初版】
・生徒指導要領の改訂や時代の変化を踏まえ、本文やコラム
　を適宜見直した。

教育相談の理論と実際　三訂版

2012年 4 月 1 日　初版第 1 刷発行
2019年 2 月20日　改訂版　初版第 1 刷発行
2025年 4 月 1 日　三訂版　初版第 1 刷発行

編 著 者	河村茂雄
発 行 人	則岡秀卓
発 行 所	株式会社 図書文化社

　　　　　　　〒112-0012　東京都文京区大塚1-4-15
　　　　　　　電話 03-3943-2511　FAX 03-3943-2519

組 　 版	株式会社 Sun Fuerza
装 　 幀	株式会社 オセロ
印刷・製本	株式会社 厚徳社

──────────────────────────────

JCOPY 〈出版者著作権管理機構 委託出版物〉
本書の無断複製は著作権法上での例外を除き禁じられています。
複製される場合は、そのつど事前に、出版者著作権管理機構
（電話03-5244-5088、FAX 03-5244-5089、e-mail: info@jcopy.or.jp）
の許諾を得てください。

乱丁・落丁本の場合はお取り替えいたします。
定価はカバーに表示してあります。
ISBN 978-4-8100-5790-4　C3037